인문치료총서 13

인문치료 소통 사례 연구

강원대학교 인문과학연구소 (엮음)
김선희, 김익진, 유강하, 유건상, 정성미, 최병욱 (지음)

강원대학교 출판부

책머리에

인문치료는 인문학과 치료의 관계를 밝히는 새로운 인문학의 영역이다. 인문학은 인간과 삶의 문제를 성찰하여 인간이 삶의 진정한 주체로 살 수 있게 하며, 다양한 타인을 이해하고 수용하여 성숙한 삶을 영위할 수 있게 한다. 다양한 인간과 인간의 삶을 반영하고 있는 인문학은 치유와 성장의 보고이다.

인문학의 치유성을 면밀한 관찰과 분석을 통해 조건화하는 것은 인문치료에 있어서 매우 중요하다. 이런 의미에서 실제 인문 실천활동과 인문 실천 활동의 사례 분석 연구는 인문치료의 이론과 원리 연구, 방법론과 긴밀하게 연결되어 연구되어야 하는 인문치료의 중요한 축이다.

인문치료사업단에서는 7년 동안 52개의 협력기관과 670여 회의 인문치료 실천활동을 진행하였다. 인문치료에서 만난 대상자는 교도소·소년원 재소자, 북한이탈주민, 보호관찰사병, 자활센터 참여인, 다문화 가족, 재활 환자, 미혼모 등 사회의 소외계층이 대부분이었다. 이 사례연구는 그들의 눈물을 닦아 주며, 그들의 삶과 소통한 인문치료 실천 활동의 결과이다.

이 책은 사례 연구 중에서도 인문치료 참여자들의 소통과 연관된 인문치료 프로그램의 사례 연구를 선별하여 구성하였다. 비행청소년, 출소자와 같이 사회 부적응자에서부터 북한이탈주민과 같은 소외계층, 재활 환자와 대학생에 이르기까지 소통의 문제는 치료와 연관되는 중요한 목표이기도 하면서 실천 활동 자체가 소통의 과정이기도 하다. 자신과의 소통은 자아정체성을 새로이 하고, 자존감을 높이므로 타인과의 소통을 효율적으로 하게 하며, 타인과의 소통은 타인과의 관계 속에서, 새로운 자신의 정체성을 발견하고, 객관화하여 자신을 바라보게 하므로, 자신과의 소통을 돕는다.

이 책은 다섯 개의 사례 연구로 구성되어 있다. 첫 번째 사례는 "보호관찰대상 청소년과 소통의 인문치료"이다. 청소년의 비행은 일반적으로 성인의 반사회적 행위나 범죄에 비해 관대한 처분을 받고 있다. 청소년의 비행이 심각한 범죄라기보다는 성장과정에서 겪을 수 있는 일상의 일부로 받아들여지기 때문이다. 그러나 사실상 청소년의 비행은 사회적으로 심각한 문제가 되어가고 있다. 이러한 문제를 극복하기 위해서는 사회의 주축구성원들이 미래의 주인인 청소년들에 대해 보다 많은 관심을 기울일 수 있는 제도적 보완책이 마련되어야 한다. 특히 올바른 정서의 함양, 좀 더 정확히 표현하자면 제반 정서에 대한 보다 올바른 형태의 수용과 표출 방법을 습득하기 위한 훈습이 제도적으로 진행될 필요가 있는 것이다. 그리고 이러한 형태의 교육에서 인문학, 특히 맞춤형 인문학의 다른 이름인 인문치료는 핵심적인 역할을 할 수 있다. 우리는 이 글에서 인문치료가 청소년의 비행 예방에 있어 어떤 역할을 할 수 있는지, 그리고 교정 기관에서 관리를 받았거나 혹은 관리를 받고 있는 청소년들에게 건강한 시민으로서의 삶에 대한 긍정적 인식과 의지를 고양시키기 위해 어떤 역할을 할 수 있는지에 대한 논의를 진행하였다.

인문치료의 주요 대상은 나와 나의 마음 그리고 나와 남과의 소통에서 문제가 생기는 경우다. 특히 나와 남과의 소통의 부재 때문에 생기는 소외의 문제나 사회부적응의 문제에서 인문치료는 효율적인 역할을 수행할 수 있다. 소외나 부적응은 단순히 심리만의 문제는 아니다. 북한이탈주민이나 갱생보호자, 군부적응장병 등이 고통 받는 소외문제는 근본적으로 심리의 문제라기보다는 사회와 그 개인의 소통이 불가능하기 때문에 생겨나는 문제이기 때문이다. 우리가 이 연구에서 주목하고 있는 생활관의 청소년들의 경우도 이와 다르지 않다. 이들이 자신이 속해 있는 사회 그리고 자신을 둘러싸고 있는 환경과의 소통이 원활하게 진행할 수 있을 때 이들은 건강한 시민으로서의 생활을 영위할 수 있게 될 것이다.

두 번째 사례는 "대학생들의 소통 증진을 위한 인문학고전"이다. 이 글은 '불통사회'로 진단된 우리 사회에 인문학과 인문치료학이 어떠한 방식으로 기여할 수 있는지를 다룬 글이다. 이 글에서는 '불통사회'에 필요한 처방을 소통으로 제시하고, 사회의 주역이 될 대학생들에게 소통의 자세와 태도를 배양하는 데 초점을 맞추었다.

'불통'이나 '소통'이 정치적 맥락에서 해석되는 경우가 많지만, 고전(古典)에 대한 오독과 오해 역시 커다란 의미에서의 '불통'이라 할 수 있다. 인간과 삶의 보편성을 이야기하고, 공감대를 얻으면서 지금까지 우리에게 전해지고 있는 인문학 고전 텍스트를 대화적 태도로 대하고, 대화적으로 해석하는 것은 인문학 고전에 대해 가지고 있던 편견과 고정관념, 오해를 학습자가 스스로 폐기하고 새롭게 이해하도록 돕고, 학습자의 사유와 인식의 폭을 확장시킨다. 결과적으로 소통의 범주와 가능성은 더욱 넓어지고, 많아진다. 또한 내면을 성찰함으로써 자기 자신과 소통하고 보다 성장할 수 있는 기회를 제공한다. 이렇게 얻어진 성찰의 능력은 학습자를 더욱 성장하게 만든다. 더 나아가 학습자는 고전의 이야기들을 현재적으로 재맥락화되면서 현재적 유의미성을 발견하게 된다. 이는 사회적 존재로서의 인간, 관계적 존재로서의 인간의 처지와 본질을 깨닫게 하는 중요한 역할을 하게 한다. 고전텍스트와 대화한다는 것, 대화적으로 해석한다는 것은 소통을 지향하는 적극적인 행위이며, 이는 결과적으로 텍스트와의 소통, 자기 자신과의 소통, 사회적 소통을 가능하게 한다.

복잡다단한 사회 속에서 자기의 의견을 분명하게 전달하고, 상대방을 설득하는 능력은 지식의 습득만큼이나 중요하다. 상대방의 의견을 경청하고, 내 의견을 전달하는 것도 중요하지만, 상대방을 감정적으로 이해하고, 소통의 대상이 아닌, 인간으로서 이해하는 노력과 연습도 필요하다. 고전을 현재적 맥락에서 이해했을 때, 고전은 살아있는 텍스트가 되어 우리에게 다가올 것이다.

세 번째 사례는 "중도장애환자 대상 인문치료: 자아존중감과 소통 증진을 중심으로"이다. 중도장애환자의 자아존중감과 소통 증진을 위해 수행된 시와 미술활동 중심의 인문치료 임상사례이다.

우리나라의 장애 인구는 매년 증가추세에 있고, 그 중 후천적 원인에 의한 중도장애인이 전체 장애인의 90%를 차지하고 있다. 장애 인구가 증가하는 이유는 인구의 노령화, 산업재해, 교통사고를 비롯한 각종 사고, 질병 및 환경오염의 심화 등으로 인해 후천적 중도장애인이 증가하기 때문이다. 중도장애인은 선천적 장애인과는 달리 장애인이 되기 전까지 비장애인으로 살아왔기 때문에, 자신의 장애를 수용하고 극복하는 과정에서 심한 스트레스와 우울증 등 정서적 어려움을 겪는다.

이 글은 중도장애환자들이 자아존중감과 소통의지를 회복하고 남은 삶을 정서적으로 보다 건강하게 살아가는데 도움을 주고자 이루어졌다. 임상대상은 모(某)재활병원에 입원중인 우측편마비 환자로 장애로 인해 자신감을 잃고 자아존중감이 하락하여, 주변인들과의 소통에 관심을 잃은 상태이다. 그녀에게 시와 미술을 활용한 인문치료를 실시한 결과, 그녀의 자아존중감과 소통의지가 증진되었다. 이는 그녀가 치료적 시 읽기와 쓰기, 그리고 미술 활동에 참여하여 긍정적이고 창조적인 노력에 개입되는 동안 감정배출을 하고 자기 탐색과 통찰을 거쳐 자아존중감과 소통 의지가 향상된 결과라고 보아도 타당할 것이다.

네 번째 사례는 "북한이탈주민을 위한 인문학교실 사례 연구"이다. 이 글은 북한이탈주민의 소통능력 증진을 위한 사례 연구이다. 프로그램의 내용은 내적 소통과 대인소통으로 구성하였는데 내적 소통은 의식과 무의식의 소통을 위해 내가 좋아하는 것 목록 작성하기를 하였고, 감정과의 소통을 위해 감정카드 활동과 동화를 통해서 우울과 두려움의 감정을 살폈다. 내적 소통에서 나와 조우하기 위해 상상기법을 활용해서 과거, 미래의 나와 소통하게 해서 과거, 현재, 미래의 총체적인 관점으로 인생을 살펴보게 하였다. 모든 활동이 마치면 활동 후의 느낌과 생각을 정리하는 글쓰기를 진행하여서 그때의 자신의 생각과 느낌을 포착할 수 있게 하였다.

대인소통은 돌로 대인관계 표현하기, 대인관계도 그리기, 장자의 〈바닷새 이야기〉, 〈조삼모사〉를 통하여 대인관계 문제들을 표현하고, 자신이 희망하는 대인관계의 모습, 대인관계의 해결을 위한 방안들에 대해 찾을 기회를 제공하였다. 이 프로그램에서는 전체적으로 말하기, 글쓰기를 절충한 방법을 활용하였는데, 활용한 글쓰기 기법에는 내가 좋아하는 것 목록 작성표, 내가 잘하는 것 콜라주, 체베나 쓰기, 대화문 쓰기, 편지쓰기, 이야기이어서 쓰기이고, 마지막으로 프로그램의 후기를 썼다.

인문치료를 실시한 후 사전, 사후검사로 KRQ-53 회복탄력성 검사를 하였다. 북한이탈주민을 위한 인문치료 프로그램을 전후로 실시한 회복탄력성지수 검사에서 참여인은 자기조절의 충동통제력을 제외한 모든 항목에서 향상된 결과를 보였으므로 인문치료 프로그램이 참여자의 자기조절과 대인관계, 긍정적 사고 향상에 효과가 있었음을 보여주었다.

마지막 사례는 "출소자의 자기 치유를 위한 '셀프-행복 프로젝트'"이다. 현재 출소자의 재사회화 프로그램은 주로 외적이고 물질적인 차원의 지원 부분에 한정되어 있고, 출소자 스스로 자신에 대하여 진솔하게 느끼고 고민하는 것을 돕는 내적이고도 정신적인 차원의 프로그램으로의 확대는 현실화되지 못하고 있는 실정이다. 출소자들의 내적이면서도 정신적인 차원의 심화와 강화를 도울 수 있는 가장 상식적이면서도 건전한 영역은 바로 인간적인 삶을 자신의 이상으로 삼는 인문학을 바탕으로 하는 프로그램일 것이다. 인간다움에 대한 인문학적 성찰을 통하여 나 자신, 가족, 그리고 사회 속에서의 나는 누구인지, 누구이어야 하는지, 누구이고 싶은지에 대해 진정으로 느껴보고 고민하는 인간적 삶에 대한 프로그램이 출소자들에게는 필요하다.

이 글은 '셀프-행복 프로젝트' 인문치료 프로그램을 통해 출소자들이 사회적 낙인으로부터 자유롭게 놓여나서 오롯이 이들 스스로에 몰입하여 인간적인 삶, 행복한 삶을 위해 '나'를 어떻게 이해하고, 그리고 나와 가족, 나아가 사회 속에서 어떻게 살아갈지에 대해 성찰하는 자기 소통의 시간을 갖고자 하였다. 먼저, 출소자의 재사회화 내적 지원의 필요성과 인문치료와의 상관성에 대해 살펴보았으며, 다음으로 출소자 인문치료 프로그램의 구성과 활동 과정, 그리고 참여자의 활동추이와 그 결과에 대해 분석하고, 이러한 분석을 바탕으로 출소자의 재사회화에 인문치료 프로그램이 기여할 수 있는 조력 요인을 살펴보았다.

그 동안 인문치료의 사례 연구는 인문치료 실천 활동을 통한 사후 관리와 지속적인 사례 축적 등을 통해 인문치료의 이론 연구와 병행해서 진행되었다. 2013년 인문치료 사례연구의 맥을 이어 2014년 인문치료 소통 사례 연구를 총서로 엮어서 내놓았다. 해를 거듭할수록 인문학이 대상자의 삶에 던지는 성찰의 파군을 인문치료 사례 연구가 치밀하게 포착하기를 기대한다. 인문치료 소통사례 연구를 통해 인문학의 치유성이 더 구체적으로 입증되며, 인문학의 새로운 지평을 연 인문치료의 실제적 학문으로서의 위용이 더 굳건해 질 것이다.

2014년 6월

저자를 대표하여 정성미 씀

| 차 례 |

인문치료 소통 사례 연구

보호관찰대상 청소년과 소통의 인문치료

대학생들의 소통 증진을 위한 인문학 고전

중도장애환자 대상 인문치료 : 자아존중감과 소통 증진을 중심으로

'북한이탈주민을 위한 인문학교실' 사례 연구

출소자의 자기 치유를 위한 '셀프-행복 프로젝트'

보호관찰대상 청소년과 소통의 인문치료

김 익 진

1. 들어가는 말

청소년의 비행은 일반적으로 성인의 반사회적 행위나 범죄에 비해 관대한 처분을 받고 있다. 청소년의 비행이 심각한 범죄라기보다는 성장과정에서 겪을 수 있는 일상의 일부로 받아들여지기 때문이다. 그러나 사실상 청소년의 비행은 사회적으로 심각한 문제가 되어가고 있다. 현재 〈경찰백서〉나 〈청소년백서〉, 〈범죄백서〉 등을 참조해 보면 이러한 사실은 확연히 드러난다. 과거에는 단순절도나 단순폭력 등 우발적이고 충동적인 범행이 많았으나 시간이 지날수록 계획적이고 조직적인 범행들이 많아지고 있고 또 반사회적, 반인륜적 범행들이 증가하고 있다. 또한 재범율이 증가하고 있다는 점도 심각한 문제다. 이러한 제반현상들의 원인은 어디에 있는가? 생물학적 원인론, 심리학적 원인론, 사회학적 원인론 등 다양한 측면에서의 접근이 가능하지만 어떤 측면에서 접근하더라도 결국 모든 비행상황은 청소년 개인이 지니고 있는 정서표출 및 감정제어의 미숙함과 비행의 사회적 악영향 및 인간의 존엄에 대한 인식의 부족에서 기인한다는 현상학적 결론에 수렴되게 된다. 따라서 이러한 문제를 극복하기 위해서는 사회의 주축구성원들이 미래의 주인인 청소년들에 대해 보다 많은 관심을 기울일 수 있는 제도적 보완책이 마련되어야한다. 특히 올바른 정서의 함양, 좀 더 정확히 표현하자면 제반 정서에 대한 보다 올바른 형태의 수용과 표출 방법을 습득하기 위한 훈습이 제도적으로 진행될 필요가 있는 것이다. 그리고 이러한 형태의 교육에서 인문학, 특히 맞춤형 인문학의 다른 이름인 인문치료는 핵심적인 역할을 할 수 있다. 우리는 이 논문에서 인문치료가 청소년의 비행 예방에 있어 어떤 역할을 할 수 있는지, 그리고 교정기관에서 관리를 받았거나 혹은 관리를 받고 있는 청소년들에게 건강한 시민으로서의 삶에 대한 긍정적 인식과 의지를 고양시키기 위해 어떤 역할을 할 수 있는지에 대한 논의를 진행하려한다. 동시에 원론적인 논의에서 거론된 인문치료의 역할이 어떠한 형태로 수행될 수 있는지에 대한 예를 들어 논의를 구체화하는 기회를 가져보려 한다.

2. 인문치료의 개념 및 이론을 통해 본 보호관찰 청소년의 문제

현대사회에서 물질적 풍요로움이 커지면 커질수록 이로 인해 파생되는 예상치 못한 부작용도 점점 더 심각해지고 있다. 예를 들어 산업화를 통한 식량의 대량생산 덕으로 우리의 식탁은 유사 이래 그 어느 때 보다 풍요롭지만 그 어떤 시대의 인류도 고민하지 않았던 비만의 고통을 겪고 있다. 또한 스마트폰을 비롯한 정보통신기기의 획기적인 발달 덕에 우리는 그 어느 시대보다도 많은 정보를 접하고 교환하지만 가족간, 친구간 대화가 점점 줄어들면서 자신만의 세계에 갇혀버리고 있는 스마트폰 중독자들이 늘어가고 있다. 이렇게 예상치 못했던 문명의 부작용에 무방비로 노출되어 있는 현대인들은 정체가 분명치 않은 육체적 정신적 압박을 받으며 살고 있다. 우리는 이런 정체불명의 압박을 뭉뚱그려 '스트레스'라고 통칭한다. 지속적이고 과도한 스트레스는 마음을 병들게 한다. 그리고 이러한 마음의 병은 현대에 발견된 어떠한 약물로도 치료가 불가능하다. 신경안정제류의 처방은 임시방편일 뿐이다.

인문치료는 이러한 마음의 병을 치유하기 위해 인문학이 큰 역할을 할 수 있다는 믿음에서 탄생하였다. 인문치료란, 한마디로 "인문학적 가치와 방법을 통해 현대인들의 마음의 병을 치료하는 행위"다. 좀 더 상술한다면 "인문치료란 마음의 고통을 받고 있거나 혹은 그런 고통에 노출될 가능성이 있는 개인이나 집단에게 인문학적 방법을 활용하여 자아통찰과 인식론적 변화를 유도함으로써 마음의 건강을 확보하게 하는 과정을 말한다." 결국 인문치료란 우리 마음의 건강과 행복한 삶을 위해 인문학 각 분야의 치유적 효능을 학제적으로 새롭게 통합하여 인문정신과 인문학적 방법으로 사람들의 정신적 · 정서적 문제들을 예방하고 치유하는 행위를 지칭하는 것이다.

인문치료를 위해 활용되는 인문학적 도구는 고통에 노출되어 있거나 노출될 가능성이 있는 개인과 집단으로 하여금 '생각하게 하고' 또 그 '생각을 표출하게 하며' 필요에 따라서는 '생각의 전환을 유도하기'위해 동원될 수 있는 제반 기법의 총체로, 전통 인문학에서 활용해 온 읽기 · 쓰기 · 말하기에 음악 · 영화 · 연극 · 미술 등 표현예술적 기법들을 유기적으로 결합시킨 통합적 커뮤니케이션 체계다.

인문치료적 관점에서 볼 때 인간의 소외는 이 시대에 가장 심각한 문제 중 하나다. 마음의 병은 대부분 소외로부터 기인하기 때문이다. "소외는 소외된 존재를 바라보는 타인의 입장에서는 인간성이 상실되어 인간다운 삶을 잃어버린 모습일 수 있지만 그 소외된 존재의 입장에서는 산업화, 정보화된 사회가 오히려 인간에 대하여 부정적인 작용을 하는 데서부터 생겨난 환경적 문제로 인식될 수도 있다. 결국 소외는 한 개인만의 문제도 아니고 그렇다고 그 개인과 대치되어 있는 또 다른 개인이나 집단만의 문제도 아니다. 소외는 존재와 그 존재를 둘러싸고 있는 환경(혹은 다른 존재나 집단 혹은 문자 그대로의 환경)간의 소통의 부재에서도 온다. 그래서 인간의 안녕과 행복을 궁극적 목적으로 삼는 인문치료의 중심에는 소통이라는 개념이 있다. 인간은 소통하고자하는 욕망, 즉 소통의 리비도libido를 지닌 존재이며 그 소통의 궁극적인 목적은 행복의 추구라고 보는 것이다."(김익진, 2010)

인문치료에서 말하는 소통의 개념은 일상의 대화에서 메시지를 전달하는 단순한 의사전달 행위만을 의미하는 것은 아니다. 넓은 의미의 소통이란 한 개인이 관계하는 모든 것과의 상호작용을 말한다. 따라서 우리가 보는 소통은 개인과 개인뿐만이 아니라 개인과 그가 속한 집단이나 환경과의 상호작용이기도 한 것이다. 관계대상과의 상호 작용인 소통은 한 개인의 내면에서도 존재한다. 특히 한 개인의 내면적 소통은 인문치료가 주목하고 있는 소통의 형태다. 인간은 내면에 여러 모습의 자아를 품고 있다. 적극적인 성격의 사람이 때로는 소심한 모습을 보이기도 하고 또 폭력적이라고 인식되는 사람이 때로는 무한히 온화한 모습을 보이는 경우를 우리는 흔히 볼 수 있다. 이 다양한 자아들은 그 어느 하나도 가식적인 모습이 아니다. 그 각각의 변화무쌍한 순간적인 모습들은 모두 한 개인으로서의 총체를 구성하는 구성요소들이다. 그리고 이 구성요소들간의 균형이 이루어질 때 개인은 건강할 수 있다. 이 다양한 자아들간의 건전한 공존을 위해 필요한 것이 내면적 소통이다.

소통이 문제가 생기는 경우 개인은 정서적으로 불안을 느끼고 심지어는 소통의 대상들로부터 소외당하게 되는데 그것은 내면적 소통의 경우도 마찬가지다. 자신의 내면에 있는 다양한 자아들 중 특정 자아에 대한 거부 감정은 내면소통이 원활하게 진행되는 것을 방해한다. 자아개념의 다차원적 측정을 통해 자아 개념과 비행행동간의 복잡한 관계를 밝혀낸 룽과 로(Leung & Lau)의 연구 이래 많은 연구들을 통해 우리는 비행청소년들의 특성 중 가장 일반적으로 관찰되는 것이 부정적인 자아개념이라는 사실을 알고 있다.이러한 부정적인 자아개념은 쉽게 자학으로 이어지고 이는 다시 외부 및 자신에 대한 적대감과 공격성으로 표출된다. 그리고 이러한 상황이 지속되면서 자아 존중감과 자기 통제력이 저하되며 이는 다시 의존적이고 충동적인 행동상의 특성으로 이어지는 악순환을 야기하게 된다. 청소년들의 부정적 자아개념으로 인해 발생하는 이같은 부작용을 극복하기 위해서는 그들로 하여금 다양한 자아의 실체 파악할 수 있는 기회를 제공하고 또 그 자아들이 균형있게 공존할 수 있도록 자기를 조절할 수 있는 능력을 키워줄 필요가 있다.

핏츠(Fitts,1965)의 연구에 의해 개발된 척도를 바탕으로 자아개념 검사지를 개발한 정원식은 내적 자아준거체제로 자기의 존중의식, 자기만족 또는 자기수용, 자기 행동 경향을, 외적 자아준거체제로 신체적 자기, 도덕적 자기, 성격적 자기, 사회적 자기로 자아개념의 영역을 구분하고 있다. 인문치료에서는 이 영역이 더 다양해질 수 있다고 믿는다. 다양한 자아는 곧 나의 마음이며 마음의 형태와 색깔은 상황에 따라 수시로 변할 수 있기 때문이다.

우리는 내 안에 있는 서로 다른 자아들간의 소통을 통해 또 다른 자아의 생각과 느낌을 감지할 수 있다. 그리고 그 생각과 느낌을 글로 옮기거나 타인과의 대화를 통해 구체적으로 묘사해봄으로서 생각과 느낌의 실체를 구상화시킬 수 있는 것이다. 이 '다양한 나'의 실체를 파악하여 표현해보는 일, 다시 말해 여럿일 수 있는 자기 자신을 자각하고 그 자각된 각각의 느낌과 생각을 구상화하는 작업이 나와 나의 마음과의 소통이다. 이 행위는 자신의 실체를 객관적 시각에서 바라보는 작업이다.

나와의 소통의 형태가 몸과 마음이라는 두 가지로 나뉠 수 있는 것처럼 남과의 소통 역시 두 가지로 나뉠 수 있다. 인문치료에서는 남과의 소통을 직접 소통과 간접소통으로 나눈다. 직접소통이란 일상의 언어생활에서 이해되고 있는 개념으로서의 소통을 의미한다. 다시 말해 타자와의 면대면 대화나 혹은 전화나 편지같은 매개체를 통해 의사교환을 하는 행위로서의 소통을 의미하는 것이다. 의사교환이라는 개념으로서의 소통인 직접 소통의 질을 결정하는 요소는 직접소통을 하고 있는 당사자들의 신체적, 정신적 특성이 될 수도 있고 소통의 환경이 될 수도 있다. 그 중에서도 가장 중요한 요소는 수용의지와 표현능력이다. 상대편의 의사를 받아들이려는 마음의 정도를 말하는 수용의지의 크고 작음은 경청과 공감의 정도에 따라 결정된다. 그런데 경청과 공감의 능력은 훈련에 의해서 향상될 수 있다. 경청과 공감의 능력을 향상시키기 위해 인문치료에서는 언어적, 철학적, 그리고 심리적 접근을 통해 다양한 방법을 개발하고 있다.

한편 간접소통은 개인이 자신을 둘러싸고 있는 환경과 교감하는 행위를 의미한다. 앞서 언급한 세 가지 소통과 비교하여 간접소통이 지니고 있는 특징은 소통의 의지가 쌍방에서 생겨나는 것이 아니라 일방적이라는 사실이다. 한 개인을 둘러싼 환경이 소통의 의지를 지닐 수는 없는 일이다. 환경과의 소통은 그 소통을 원하는 개인이 의지를 지녀야 가능해진다. 따라서 이 간접 소통의 질은 개인을 둘러싸고 있는 환경이 요구하는 소통의 조건을 개인이 얼마나 잘 인식하는가에 달려 있다. 이상의 내용을 정리하여 도식화하면 아래와 같다.

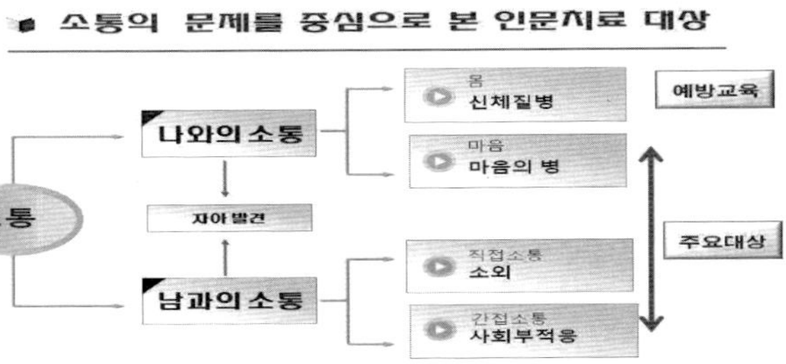

〈그림 1〉 소통의 문제를 중심으로 본 인문치료 대상(김익진, 2010)

보호관찰 대상 청소년들의 경우 우리가 분류한 네 가지 소통에서 모두 다소간의 문제를 지니고 있을 것으로 짐작할 수 있지만 이들이 습득해야할 시급한 소통의 형태는 우선은 내면 자아들과의 소통일 것이다. 대부분 유복한 환경과는 거리가 먼 성장과정을 겪으면서 학교 내에서나 혹은 학교 밖에서도 모범적인 삶을 사는 사람들을 본 경험이 적었던 이들에게 자기 안에 있는 내면자아들과 만날 수 있던 기회도 일반 청소년들에 비해 상대적으로 적었을 것이기 때문이다.

3. 보호관찰 대상 청소년을 위한 인문치료적 개입

교정시설의 관리를 받거나 혹은 받은 경험이 있는 청소년들은 가정과 학교에서 정상적인 교육의 기회를 제공받지 못했거나 아니면 스스로 그 기회를 저버린 경우가 많다. 그 결과 그들은 대부분 '다양한 나'의 실체를 표현할 기회는 물론, 그것을 파악할 기회조

차 갖지 못하는 것이 현실이다.

물론 청소년의 비행은 나와 나의 마음간의 소통에 문제가 있어서만 생겨나는 것은 아니다. 표면적으로는 오히려 나와 남과의 소통에 문제가 생겨 기인하는 경우가 더 많다. 가족과의 갈등 특히 부모와의 갈등, 학교에서 선생님이나 교우들과의 갈등을 겪으면서 청소년들은 자신 주변의 지인들과의 소통을 거부하고 결국 자신을 둘러싼 환경과의 소통을 포기하면서 이는 다시 주변과의 갈등으로 이어지는 것이다. 자녀의 학습능력을 훨씬 웃도는 결과를 기대하는 부모들과의 갈등은 대화의 단절을 거쳐 반항과 가출 등으로 이어지고 학교에서의 갈등은 교사에 대한 폭력적인 반항이나 등교거부 등으로 이어지면서 청소년들이 겪는 갈등의 골은 점점 더 깊어지게 되는 것이다. 그러나 이러한 남과의 소통문제도 그 내면을 자세히 관찰해보면 결국 나와의 소통문제와 밀접하게 연관되어 있음을 알 수 있다. 자신에 대해 잘 모르는 사람이 남과의 성공적인 소통을 이끌어내기는 힘들다.

따라서 우리는 위의 그림1에서 볼 수 있는 4가지 차원의 소통 중에서 두 번째 차원의 접근인 '내 마음과의 소통'에 관련된 능력을 배양시킬 수 있는 프로그램을 구성하여 춘천 생활관 청소년들에게 인문치료를 실시하기로 하였다.

프로그램은 매주 1회 한 시간씩 총 40회기로 구성되었다. 각 회기의 활동을 한 줄로 요약한 내용은 아래와 같다. 각 회기는 60분간 진행되는 것을 원칙으로 하지만 참여자들의 반응과 그날 분위기에 따라 연장 진행될 수도 있다.

<table>
<tr><td>1</td><td>인터뷰</td><td rowspan="4">도입</td></tr>
<tr><td>2</td><td>〈돼지가 우물에 빠진 날〉과 분노조절</td></tr>
<tr><td>3</td><td>〈의식의 지도〉와 〈레미제라블〉</td></tr>
<tr><td>4</td><td>〈나의 성공적 인생설계〉와 자서전 쓰기 소개</td></tr>
<tr><td>5</td><td>새우의 모양과 맛 묘사(그림과 글쓰기)</td><td rowspan="5">글쓰기 묘사훈련</td></tr>
<tr><td>6</td><td>사과의 모양과 맛 묘사(그림과 글쓰기)</td></tr>
<tr><td>7</td><td>통닭의 모양과 맛 묘사(그림고 글쓰기)</td></tr>
<tr><td>8</td><td>밤과 밤고구마 모양과 맛 묘사(그림과 글쓰기)</td></tr>
<tr><td>9</td><td>자신이 가장 좋아하는 음식의 모양과 맛 묘사</td></tr>
<tr><td>10</td><td>10년 계획서 사례별 내용분석 및 토론</td><td rowspan="4">계획서 작성에 대한 기본지식 습득</td></tr>
<tr><td>11</td><td>10년 재정 수입 및 지출 계획서 작성</td></tr>
<tr><td>12</td><td>그룹별 토론 배틀(주제 : 계획서의 실현 가능성)</td></tr>
<tr><td>13</td><td>10년 계획서 쓰기 (초록)</td></tr>
<tr><td>14</td><td>2014년 계획서 월별로 쓰기</td><td rowspan="14">미래 10년간의 계획서를 연도별로 작성하고 이를 서술형(과거시제)문장으로 묘사하고 연결하여 미래자서전 작성을 위한 글감 마련</td></tr>
<tr><td>15</td><td>2015년 계획서 월별로 쓰기</td></tr>
<tr><td>16</td><td>2016년 계획서 월별로 쓰기</td></tr>
<tr><td>17</td><td>2017년 계획서 월별로 쓰기</td></tr>
<tr><td>18</td><td>2018년 계획서 월별로 쓰기</td></tr>
<tr><td>19</td><td>앞서 작성한 5년간 계획서 비교 검토후 일관성 부여하기</td></tr>
<tr><td>20</td><td>일관성이 부여된 계획서의 문장 다듬기</td></tr>
<tr><td>21</td><td>2019년 계획서 월별로 쓰기</td></tr>
<tr><td>22</td><td>2020년 계획서 월별로 쓰기</td></tr>
<tr><td>23</td><td>2021년 계획서 월별로 쓰기</td></tr>
<tr><td>24</td><td>2022년 계획서 월별로 쓰기</td></tr>
<tr><td>25</td><td>2023년 계획서 월별로 쓰기</td></tr>
<tr><td>26</td><td>앞서 작성한 5년간 계획서 비교 검토후 일관성 부여하기</td></tr>
<tr><td>27</td><td>일관성이 부여된 계획서의 문장 다듬기</td></tr>
<tr><td>28</td><td>지나온 삶 요약하기</td><td rowspan="5">자서전을 위해 과거를 회상하며 글로 적기</td></tr>
<tr><td>29</td><td>살면서 가장 행복했던 순간 묘사(그림과 글쓰기)</td></tr>
<tr><td>30</td><td>살면서 가장 힘들었던 순간 묘사(그림과 글쓰기)</td></tr>
<tr><td>31</td><td>가족에 대한 묘사와 감정 표현하기(그림과 글쓰기)</td></tr>
<tr><td>32</td><td>친구에 대한 묘사와 감정 표현하기(그림과 글쓰기)</td></tr>
<tr><td>33</td><td>과거에 관해 쓴 글 수정보완 1</td><td rowspan="6">앞서 작성한 글감들을 구조화하여 서사를 만들고 자서전 완성</td></tr>
<tr><td>34</td><td>과거에 관해 쓴 글 수정보완 2</td></tr>
<tr><td>35</td><td>미래에 관해 쓴 글 수정보완 1</td></tr>
<tr><td>36</td><td>미래에 관해 쓴 글 수정보완 2</td></tr>
<tr><td>37</td><td>자서전 내용발표와 실천약속 1</td></tr>
<tr><td>38</td><td>자서전 내용발표와 실천약속 2</td></tr>
<tr><td>39</td><td>미래자서전 쓰기에 대한 자기 평가</td><td rowspan="2">마무리</td></tr>
<tr><td>40</td><td>나를 찾아 떠나는 미래 여행에 대한 소감</td></tr>
</table>

40주 동안 진행되는 이 프로그램은 상대적으로 매우 긴 시간동안 진행되는 프로그램이다. 일반적으로 춘천 청소년 생활관에서 생활하는 청소년들을 대상으로 하는 정서교육이나 심리관련 프로그램은 집단상담의 형태를 띨 경우 10회기 전후의 길이로 구성되며 예외적으로 긴 경우라도 20회기를 넘기는 경우는 극히 드물다. 그 이유는 여러 가지가 있겠으나 물리적인 이유 즉 현실적인 문제가 가장 큰 이유가 된다. 생활관에 입퇴소에 본인의 의지도 반영이 되기 때문에 6개월 이상의 장기 프로그램을 운영하게 되면 새 구성원을 받지 않는 폐쇄집단으로서의 집단치료를 수행하기는 어렵다. 게다가 개방집단의 개념으로 프로그램을 진행하게 되면 새로 들어오는 구성원이 진행 중이던 프로그램의 역동을 방해하게 되는 상황이 발생하기 쉽다. 그 경우 프로그램 진행자는 새 구성원에 대해 많은 주의와 시간을 할애해야하고 이는 프로그램의 바람직한 흐름을 막는 결과를 가져오기 쉽다.

하지만 이런 진행상의 난점이 있음에도 불구하고 글쓰기를 통한 자기찾기 프로그램은 충분한 시간을 가지고 진행되어야 한다. 글쓰기를 위한 '동기부여'와 '글쓰기 훈련' 그리고 '글감의 축적'과 축적된 글감을 흥미롭게 엮기 위한 '스토리텔링 작업' 등 진행단계에서 생활관 청소년들이 지니고 있는 지적 수준을 향상시키지 않고는 진행하기 힘든 일들이 많기 때문이다. 우리는 지난 10월 8일부터 4주간 춘천청소년 생활관의 청소년들을 대상으르 실시한 예비 프로그램 진행과정에서 해당 청소년들이 글쓰기를 위해 갖추고 있는 소양의 정도를 측정해보았다. 이들에게 글을 쓴다는 행위는 매우 생소한 것이었다. 참여자들에게 글을 쓰는 행위에 대해 어떻게 느끼냐는 질문에 대부분은 묵묵부답이었고 대답을 한 경우도 "귀찮다" 혹은 "왜 하는지 모르겠다"등의 부정적이고 단편적인 표현이 전부였다. 정상적인 교육을 받을 기회가 거의 없었던 생활관 청소년들에게 10개월 동안 진행될 글쓰기 작업은 매우 부담스럽게 느껴질 수 있는 것이었다. 따라서 이들의 심적 부담을 덜어내고 자서전 쓰기 작업에 대한 흥미와 의지를 고양시키는 일이 무엇보다도 선행되어야 했다. 그래서 예비 프로그램은 미래시점에서의 자전적 글쓰기라는 장기 프로그램의 '도입부'라는 개념으로 구성되었다.

참여자들은 춘천 청소년 생활관에서 보호를 받고 있는 청소년들로 평균나이 19세였다. 이미 무조건적 반항의 시기는 벗어난 연령이었고 보호관찰 담당관들과 생활관 운영자들의 헌신적인 노력을 통해 생활관 청소년들은 정서적으로 안정을 되찾아가고 있는 상태였다. 또한 범죄에 대한 올바른 인식의 정도도 매우 높은 편이었다. 이 단계에서 이들의 당면한 가장 시급한 문제는 사회적응을 위한 기술적인 차원의 능력 개발이었다. 자기의 삶에 있어 스스로 재정문제를 해결할 수 있는 능력을 지니기 위해서는 무엇보다도 안정적인 직업이 필요하기 때문이다. 생활관 청소년 중 한 명은 중장비 운전, 한 명은 미용기술 등을 습득하는 과정에 있었고 나머지의 경우도 연령에 따라 검정고시나 복학을 준비 하고 있었다. 그러나 이와 더불어 이들에게 동시에 필요한 것은 자신이 원하는 것이 무엇이고 또 무엇을 할 수 있는지를 스스로 깨닫는 일이다. 그 깨달음이 진정한 것일 때 이들에게는 분명한 동기가 주어질 것이고 그래야만 이들이 계획하고 있는 직업훈련이나 학교생활 등이 성공할 수 있는 가능성이 높아지기 때문이다.

예비 프로그램은 4회기의 짧은 프로그램이어서 소통의 차원은 소통의 네 가지 형태 중 제 1단계인 자기내면과의 소통 능력을 증진시키는데 목표를 두었다. 그중에서도 특히 자아의 실체를 파악하는 데 초점을 맞추었다. 매 회기는 60분에서 70분 정도 진행되었으며 참여 인원은 6명에서 10명 사이였다.

3.1. 예비 프로그램의 구성내용과 진행방법

예비 프로그램의 구성내용과 진행방법은 아래의 표에 정리한 바와 같다.

〈표 2〉 내용과 진행과정

회기	내용	진행방법	과제
1	인터뷰를 통한 옆사람 소개 인문학(공부)의 중요성 복식호흡법 연습	인터뷰는 2인 1조로 짝을 지어 기자와 대상으로 나누어 번갈아 인터뷰를 하게 했다. 이 과정에서 소위 "호구조사"식 질문과 과거에 대한 질문은 가능한 한 하지 않도록 했다. 인터뷰가 끝난 뒤 과제로 자기 자신에 대해 인터뷰를 실시하도록 했다.	자기 자신 인터뷰 하기
2	자기 인터뷰 발표 영화 〈돼지가 우물에 빠진 날〉의 싸움장면을 통한 분노조절방법	자기 자신인터뷰에 대한 발표를 하게 하면서 참여자들에게 각 발표에 대해 점수를 매겨 순위를 정하게 하여 작은 상을 주었다. 영화 〈돼지가 우물에 빠진 날〉의 한 장	

	명상 기초 훈련	면 중 식당 종업원과 손님간의 싸움 장면의 앞부분을 보여주다가 장면을 멈춘 후 그 장면을 캡쳐하여 말풍선을 삽입한 그림을 나누어 주고 그 이후에 진행될 상황을 상상하여 말 풍선을 채우도록 하고 그 장면을 배우가 되어 연기하도록 하였다. 이를 통해 분노의 실체와 분노를 다스리는 법에 대해 생각할 수 있도록 유도하였다.	
3	의식의 지도와 〈레미제라블〉	데이비드 호킨스의 〈의식의 지도〉에 대한 이해를 빅토르 위고의 소설 〈레미제라블〉의 두 인물 장발장과 자베르의 경우를 예를 들어 설명하여 자신의 감정과 정서에 의해 형성되는 의식의 수준에 대해 인지할 수 있는 기회를 주었다.	나의 성공적인 인생설계
4	〈나의 성공적인 인생설계〉 과제물 발표 〈자서전 쓰기〉에 대한 호기심 자극과 의욕 고취	〈나의 성공적인 인생설계〉는 자신이 10년 뒤의 모습을 미래시점에서 과거시제를 사용하여 자서전을 쓰면서 구체적으로 생각해보게 하기 위해 글감을 수집하는 작업 중 하나다.	

3.2. 예비프로그램의 회기별 목적

프로그램의 진행 중 각 회기별로 구체적인 목적을 설정하였고 그 목적은 상황에 따라 변화되거나 또 다른 목적이 추가 될 경우도 있었다. 예비프로그램의 회기별 목적은 아래의 표에 명기된 바와 같다.

〈표 3〉 각 회기의 목적

회기	내용	회기 목적
1	인터뷰를 통한 옆 사람 소개 인문학(공부)의 중요성 복식호흡법 연습	1회기에 인터뷰를 하는 목적은 크게 두 가지다. 하나는 어색한 분위기를 풀기 위한 놀이로의 활용이고 또 다른 하나는 "나는 어떤 사람인가?"라는 스스로에 대한 질문에 대해 구체적인 답을 찾아나가면서 자신을 알아가기 위한 첫 단계로 스스로에게 던져야 할 질문을 자연스럽게 찾을 수 있도록 하기 위한 것이다. 옆사람을 인터뷰하며 던지는 질문들은 대부분 질문자의 입장에서 문제가 되고 있거나 혹은 질문자가 호기심이 있는 내용일 때가 많다. 따라서 인터뷰 내용은 질문자 자신에게 던지는 질문이기도 하다. 이러한 질문들은 자신에 대해 알아가기 위한 긴 여정의 첫발로서의 의미를 갖는다.
2	자기 인터뷰 발표 영화 〈돼지가 우물에 빠진 날〉의 싸움장면을 통한 분노조절방법 명상 기초 훈련	지난 시간 과제로 내어준 자기인터뷰 내용 발표를 통해 적극적 참여를 유도하면서 다른 참여자들이 그 발표에 대해 항목별로 점수를 매겨 순위를 정하였다. 순위에 따라 상품을 주어 의욕과 호기심을 자극하였다. 〈돼지가 우물에 빠진 날〉영화의 한 장면을 캡쳐하여 그림으로 만들고 말풍선을 붙여 그 말풍선을 채워 넣는 작업은, 우선은 참여자들에게 분노의 실체와 그 조절 방법을 알려주려는 목적이었지만 실질적으로는 참여자들과 영화라는 매개체를 통해 소통할 수 있는 방법을 모색하기 위한 작업이었다.
3	의식의 지도와 〈레미제라블〉	이 회기에서는 데비드 호킨스의 〈의식의 지도〉와 영화 레미제라블을 연결하여 의식의 수준에 관한 이해와 의식의 수준을 향상시키는 방법 및 그 중요성을 전달하였다. 2회기에서 많은 흥미를 보였던 참여자들의 집중력과 이해력의 한계를 측정해보기 위해 2회기 때보다는 양적으로나 질적으로 높은 수준의 내용으로 구성하였다.
4	〈나의 성공적인 인생설계〉 과제물 발표 〈자서전 쓰기〉에 대한 호기심 자극과 의욕 고취	프로그램의 마무리이자 본격적인 〈미래 시점에서 자서전 쓰기〉의 시작인 4회기에서는 향후 진행될 장기 작업에 대한 이해를 도모하고 참여자들의 참여의지를 확인하기 위한 내용으로 구성하였다.

4. 예비 프로그램의 적용 결과

예비 프로그램은 앞서 언급했듯이 생활관 청소년들의 소통능력을 다각적인 차원에서 증진시키는 것을 최종 목적으로 하는 장기 프로젝트의 도입부에 해당하는 과정이다. 이 과정에서 추구한 목표는 참여자와 진행자의 친밀감을 형성하고 참여자들에게 책읽기를 비롯한 인문학 공부와 글쓰기가 지루한 것이 아님을 경험하게 하여 향후 진행될 본 프로그램에 대한 호기심과 의욕을 고취시키는 것이었다.

예비 프로그램 적용 결과를 측정하기 위해서는 두 가지 측정 방법을 병행했다. 첫 번째는 장기적으로 계획된 프로그램을 진행하기 위해 필요한 정보를 얻기 위한 측정으로 최정훈(외)이 개발한 〈자아정체성 척도〉다. 두 번째는 〈3B 측정〉인데 이 측정은 이번 프로그램의 목적인 인문학적 치유프로그램에 대한 참여의지를 얼마만큼 고양시켰는지를 정판단하기 위한 것이다.

4.1. 자아정체성 척도 검사의 목적과 결과

에릭슨이 언급한 자아정체성의 7개 측면에 대한 정의와 마르시아의 이론을 기본틀로 1986년 제작된 〈자아정체성 척도〉는 조학래의 연구를 통해 수정되어 최종 27문항으로 구성되었다. 문항들은 5점 리커드 척도의 형태로 1점 '전혀 그렇지 않다'에서 5점 '매우 그렇다'로 자기보고식 평정을 하도록 되어있다. 부정적 진술의 응답은 긍정적 진술의 응답과 반대로 작성된다. 자아정체성의 점수는 최저 27점에서 최고 135점까지이며 총점이 높을수록 자아정체성의 발달수준이 높음을 의미한다. 각 하위차원의 문항번호 및 문항의 내용은 아래와 같다.

〈표 4〉 세부항목(*표는 역채점 문항)

독 특 성	5 문항	1, 4, 20, 24, 27
미래계획	4 문항	2, 8, 13, 25
사 회 성	4 문항	5, 11, 16, 18
자기수용	4 문항	10, 17, 23, 26
자 율 성	4 문항	3, 6, 15, 21
적 응 력	3 문항	9, 14, 19
가 치	3 문항	7, 12, 22

〈표 5〉 자아정체성 설문

문항번호	질 문
1	나에게는 나를 특징지어주는 독특한 면이 있다.
2	나는 무슨 일을 하며 살아갈지 아직 결정하지 못했다. *
3	경험하지 않았던 일이 닥쳐도 나는 두렵지 않다.
4	나는 남들로부터 개성이 없다는 이야기를 듣는다. *
5	나에게는 진정한 친구들이 있다.
6	일관된 목표를 세우고 실행하는 면이 나에게는 부족하다. *
7	갑작스럽고 커다란 사회의 변화를 나름대로 해석할 수 있다.
8	나의 미래상은 때에 따라 바뀐다. *
9	나는 어떤 면에서는 다른 사람보다 능력이 있다.
10	나는 어떤 행동을 하고 나서 내가 한 일에 대해 후회할 때가 많다. *
11	나는 친하지 않은 사람들과 있게 되면 거북하다. *
12	나는 외부적인 변화에 대해 흔들리지 않는다.
13	나는 장래에 어떤 일을 하면서 살아갈지 구체적으로 생각해 보았다.
14	내가 앞으로 무슨 직업을 갖게 되건 관심이 없다. *
15	나 스스로 어떤 결정을 내리는 것이 어렵다. *

16	어떤 모임에 처음 나가서 나 자신을 소개하는 데 주저하지 않는다.
17	내가 다른 환경에서 성장했다면 하는 생각이 든다. *
18	나는 사람을 사귀는 데 까다롭다. *
19	다른 사람이 할 수 있는 일은 나도 할 수 있다.
20	내게는 남다른 경험이 없다. *
21	나는 어떤 일을 하고 싶어도 선뜻 실행하지 못한다. *
22	나는 생활 속에서 겪는 사건들을 판단하는 일관된 기준을 가지고 있다.
23	나는 인생을 어떻게 살아갈지 걱정이 많다. *
24	다른 사람들이 내게 관심을 가져준다.
25	나에게는 평생을 바쳐 하고 싶은 일이 있다.
26	내가 보잘것없는 존재같이 느껴진다. *
27	나에게는 나 나름대로의 매력이 있다.

우리는 여기에 임의로 이들에게 인문학적 접근의 가능성을 측정하기 위한 다음 3개의 문항을 첨가하였다. 이 문항에 대한 답변방식 역시 5점 리커드 척도를 활용하였다.

〈표 6〉 인문학 접근 가능성 설문

28	나는 책을 읽거나 글을 쓰면서 마음이 편안해 진 적이 있다.
29	나는 나 자신과 내 주변에 대한 사색을 통해 우울했던 심정을 떨쳐버린 적이 있다.
30	나와 내 생활을 이해하기 위해 다른 사람들의 의견을 듣는 것이 유익하다고 생각한다.

그 검사의 결과는 아래와 같다.

〈표 7〉 자아정체성 척도 검사 결과

	소년1		소년2		소년3		소년4		소년5		소년6		소년7		소년8		소년9	
1	2	4	3	5	4	4	3	1	3		3	4	1	5	3			3
4	3	2	2	3	1	2	1	1	3		1	2	3	4	1			1
20	5	1	2	4	1	2	4	4	3		1	4	5	3	5			1

24	3	5	3	2	5	4	5	4	3		5	4	3	4	3			4
27	1	5	5	5	5	4	5	3	2		5	4	1	3	4			4
독특성	**14**	**17**	**15**	**19**	**16**	**16**	**18**	**13**	**14**		**15**	**18**	**13**	**19**	**16**			**13**
2	1	1	4	4	2	3	3	5	2		5	2	1	4	1			1
8	5	1	4	3	3	3	3	3	3		1	3	3	5	3			1
13	2	5	2	2	5	4	4	3	1		5	4	1	4	1			4
25	1	5	2	3	3	4	5	2	5		5	4	1	5	4			4
미래기획	**9**	**12**	**12**	**12**	**13**	**14**	**15**	**13**	**11**		**16**	**13**	**6**	**18**	**9**			**10**
5	1	5	3	5	5	4	5	3	5		5	5	1	4	5			4
11	3	1	1	2	3	3	1	4	3		1	2	5	5	3			4
16	5	5	4	5	3	3	5	3	3		5	4	1	4	2			4
18	1	1	2	1	1	2	1	5	3		1	2	3	5	3			1
사회성	**10**	**12**	**10**	**13**	**12**	**11**	**12**	**15**	**14**		**12**	**12**	**10**	**18**	**13**			**13**
10	5	5	5	5	4	5	5	3	3		5	2	3	4	2			4
17	5	1	5	4	3	3	3	4	2		3	2	1	4	1			4
23	1	1	5	4	5	4	5	3	5		4	2	1	4	4			3
26	4	1	1	1	1	4	1	3	3		1	2	3	4	2			1
자기수용	**15**	**8**	**16**	**14**	**13**	**16**	**14**	**13**	**13**		**13**	**8**	**8**	**16**	**9**			**12**
3	1	5	2	2	3	4	5	1	3		5	5	3	4	3			4
6	4	1	3	4	4	4	3	3	3		1	2	5	3	2			3
15	5	1	3	2	3	2	1	2	3		3	2	3	5	3			1
21	5	1	3	2	3	2	3	3	3		3	2	5	3	3			1
자율성	**15**	**8**	**11**	**10**	**13**	**12**	**12**	**9**	**12**		**12**	**11**	**16**	**15**	**11**			**9**
9	3	3	3	5	3	4	4	3	2		5	4	1	4	3			4
14	3	1	2	2	1	1	1	3	2		1	1	5	5	2			1
19	5	5	4	5	5	4	5	3	3		4	4	3	5	2			4
적응력	**11**	**9**	**9**	**12**	**9**	**9**	**10**	**9**	**7**		**10**	**9**	**9**	**14**	**7**			**9**
7	1	3	2	3	2	3	5	3	1		3	4	3	5	2			3
12	1	5	2	3	3	3	2	3	3		3	4	3	4	3			4
22	1	3	2	3	4	3	5	3	3		3	3	3	4	3			1
가치	**3**	**11**	**6**	**9**	**9**	**9**	**12**	**9**	**7**		**9**	**10**	**9**	**13**	**8**			**8**
28	1	5	4	5	4	3	5	3	1		5	4	1	2	3			4
29	1	5	3	5	4	3	3	3	1		3	2	3	4	4			1
30	3	5	5	4	5	4	5	3	3		5	4	1	4	3			4
인문 지수	**5**	**15**	**12**	**14**	**13**	**10**	**13**	**9**	**5**		**13**	**10**	**5**	**10**	**10**			**9**

위의 척도 검사는 예비회기와 최종회기에 두 번 진행(각 참여자 점수 중 앞의 것이 예비회기 수치이고 뒤의 것이 최종회기 수치다.)하였는데 이는 예비 프로그램 적용전과 후를 비교하기 위해서라기보다는 향후 진행될 본 프로그램 진행을 위한 참고자료로 활용하기 위한 것이었다. 두 번에 걸쳐 진행한 이유도 사전사후 비교를 위해서라기보다는 후반부부터 참석한 인원을 배려하기 위함이고 한편으로는 두 번 검사한 내용의 평균이 더 신뢰할 수 있는 척도가 될 수 있을 것이라 생각했기 때문이다. 이 척도 검사는 40회기가 마무리 될 무렵 사후검사의 형태로 다시 두 차례에 걸쳐 진행된 후 그 평균을 내어 도입프로그램에서 조사되었던 척도 점수와 비교될 것이다.

도입프로그램 중 실시한 자기정체성 척도 검사에서 나타나는 수치들은 일반 청소년들의 경우보다 대체적으로 낮은 편이었다. 일반청소년들을 대상으로 한 척도검사의 예는 조학래와 강문정 연구에 기록된 수치를 참조하였고 필자가 대학교 1학년 학생들을 대상으로 실시한 검사결과도 참조하였다. 특히 자율성과 가치의 항목은 현저히 낮았다. 이러한 현상들에 대한 원인은 앞으로 장기 프로그램이 진행되는 과정에서 상세히 분석될 것이며 그 분석을 토대로 자기 존중감이나 자기효능감 등의 다른 자아개념들 역시 강화시킬 수 있는 방법이 모색될 것이다.

4.2. 3B 측정의 목적과 결과

참여자들의 참여의지를 강화하고 동시에 이들의 변화과정을 측정하기 위해 우리는 프랑스 예술치료에서 활용하고 있는 3B 이론을 바탕으로 한 인문치료 자기평가지를 작성해 4 회기 중 2차례에 걸쳐 개별적으로 자기 평가를 하도록 유도하였다. 3B 이론은 예술치료행위가 발생하고 진행되어 완성되는 과정을 단계별로 검토하여 그 만족도와 의지를 입체적으로 평가하려는 의도로 개발된 것이다. 이 평가도구를 통해 내담자는 매 치료회기마다 스스로 자신의 활동을 평가 하게 된다. 내담자의 주관적인 생각이 아래와 같이 큐빅이라는 형태를 통해 구상화되는 작업인 것이다.

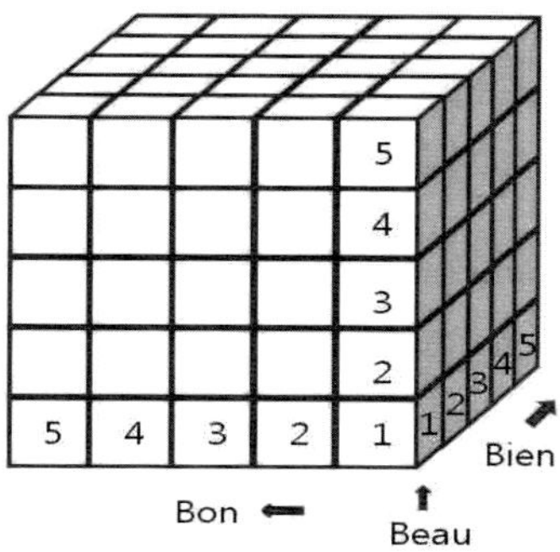

〈그림 2〉 하모니 큐빅 (R. Forestier,)

하모니 큐빅(CH)은 프랑스의 예술치료의 이론적 토대를 확립하는데 결정적인 역할을 한 투르의과대학의 예술치료전공과정 교수 리샤르 포레스티에(Richard, FORESTIER)가 창안한 참여 의지 측정법으로 위의 그림 1에서 보듯이 작은 정육면체(큐빅)를 블록형식으로 쌓아 놓은 것이다. 각 큐빅에는 1점부터 5점까지의 점수가 매겨져 있고 참여자가 직접 채점한다.

"자기평가는 3가지 차원에서 진행된다. 첫 번째 차원인 Bon은 영어의 Good의 의미와 비슷한 일상어로 여기에서는 작업을 하려는 의지, 즉 표현하려는 의지가 얼마나 있느냐하는 것을 파악하려는 것이다. 두 번째 차원인 Bien은 영어의 Well에 해당하는 말로 직접 실행에 옮기는 과정에서 만나게 되는 기술적 문제나 세기의 수준에 내담자가 얼마나 만족하느냐를 묻기 위한 것이다. 세 번째 차원인 Beau는 영어의 Beautiful에 해당하는 말로 실현된 작품이나 행위에 대해 얼마나 아름답다고 느끼는가를 알아보기 위한 것이다." 우리는 이를 바탕으로 인문치료에서 활용할 수 있는 인문치료 자기 평가지를 만들었다. 측정은 자신의 활동에 대한 전반만족도(B1)와 글쓰기 및 자시 표현에 대한 기술적인 만족도(B2) 그리고 계속하고자 하는 의지를 자극할 만큼 그 회기에 한 활동에 대해 흥미를 지니고 있는지(B3)를 기준으로 시도되었다. 또한 자신들에 대한 평가와 별개로 회기와 강사에 대한 만족도를 확인하기 위해 회기만족도도 측정하였으며 마지막으로 〈덧붙이고 싶은 말〉에서는 회기에 대한 적극적이고 능동적인 평가를 할 수 있도록 유도하였다. 평가에 대한 결과는 아래와 같다.

〈표 8〉 3B 측정결과

	소년1		소년2		소년3		소년4		소년5		소년6		소년7		소년8		소년9	
B1	3	3	5	5	5	5	5	5	3	1	3	5	1			5		5
B2	1	3	5	5	3	5	5	5	2	1	1	5	1			4		5
B3	1	3	5	5	5	5	5	5	2	1	1	5	1			4		5
회기만족도	1	5	5	5	5	5	5	5	3	1	5	5	1			4		5

일반적으로 3B 측정은 최소 10회기 이상의 프로그램에서 매회기 측정하여 그 변화추이를 관찰한다. 첫회기에 측정된 수치는 큰 의미가 없다. 대부분의 경우 점수에 대한 나름대로의 기준이 없는 상태에서 시작이 되며 또한 강사 앞에서 진행하는 평가에 부담을 가질 수도 있기 때문이다. 따라서 2회기부터 측정치가 참여자들의 변화 추이를 관찰할 수 있는 근거가 될 수 있다.

생활관의 참여자들과 진행한 두 번의 측정에서 B1, B2, B3 영역의 변화는 분명히 발전적이었으나 사실 이 수치에 의미를 두기는 어렵다. CH측정 검사가 의미를 지니려면 최소한 10회기 이상 충분히 시간을 갖고 5회 이상 실시한 후에야 그 신뢰도가 인정받을 수 있다. 생활관 청소년들이 예비프로그램을 어떻게 받아들였는지 판단하기 위해단지 이들의 프로그램에 대한 만족도가 대체적으로 높으며 다른 참여자들에 비해 소극적이던 두 참여자(소년5의 경우도 마지막 회기에 구두로 지속적인 참여의 의지를 밝혔으며 가장 무기력한 모습을 보이던 소년7도 1회기에 비해 3회기에 많이 웃고 발표를 하면서 흥미를 보임)에게도 참여의 의지를 볼 수 있었다는 점에서 이번 프로그램이 목표로 했던 "〈미래시점에서의 자서전 쓰기작업〉에 대한 호기심과 수행의지의 고취"의 정도는 만족할만한 수준에 이르렀다고 볼 수 있다.

5. 미래시점에서 자서전 쓰기 프로그램의 의의와 기대

앞서 언급했듯이 4회기로 구성되었던 예비프로그램에서는 자신과의 소통, 그중에서도 자신의 마음과의 소통의 문제를 집중적으로 다루었다. 그리고 이 작업은 10년 뒤 미래시점에서 과거를 돌아보는 형식으로 작성하게 될 자전적 글쓰기 프로그램으로 이어지고 있다. 예비프로그램이 종료된 뒤 1주일 후인 2013년 11월 7일부터 매주 화요일 오전에 진행되고 있는 본 프로그램은 2014년 7월 말을 종료 시점으로 잡고 있다.

자전적 글쓰기라고 하면 우리는 일반적으로 인생을 충분히 경험한 노년층이 자신의 인생을 반추하며 그 내용을 글로 적는 행위를 떠올린다. 이 경우 자서전을 쓰는 목적은 살아온 인생에 대한 구체적인 회고를 통해 자신이 살아온 흔적을 글의 형태를 빌어 이 세상에 남기고자 하는 것이다. 이때 글을 쓰는 행위는 자신의 지나온 인생에 대한 회상이며 해석이고 정리이다. 그러나 청소년들을 대상으로 하는 자전적 글쓰기는 그 목적을 달리한다. 살아온 날 보다 살아갈 날이 더 많은 청소년들에게 중요한 것은 지난날에 대한 기억보다는 앞날에 대한 계획이고 실천의지이다. 따라서 노인들이 자서전을 쓰는 행위가 개인의 역사를 기록하는 의미를 지닌다면 청소년들이 자서전을 쓰는 행위는 개인의 역사를 설계한다는 의미를 지닌다. 그래서 회고록으로서의 자서전과 달리 청소년들의 자서전은 허구가 개입되어야 한다. 여기서 말하는 허구는 소설적 허구와는 다르다. 소설적 허구에서는 상상할 수 있는 모든 것이 허용될 수 있다면 자서전의 허구에서는 현실 속의 실현가능한 일만 허용된다. 미래시점에서 작성하는 청소년들의 자서전은 작가인 청소년이 그리는 허구의 세계가 충분히 실현될 수 있는 현실적인 목표와 가능성을 염두에 둔 사건들로 채워져야 하기 때문이다. 실현불가능한 내용들을 적어놓은 미래의 자서전은 망상을 적어놓은 낙서장이 될 뿐이다. 꿈과 망상은 다르다. 이 둘을 구별하는 일은 무척 쉬울 것 같지만 실제로는 이 둘을 구별하지 못하는 경우가 많다. 프로그램을 시작하며 가장 먼저 던진 질문에 대한 생활관 청소년들의 답을 살펴보면 이들이 꿈과 망상의 경계를 정확히 구별하지 못하고 있음을 알 수 있다.

10년 후의 꿈, 다시 말해 10년 후에 나는 무엇을 하고 있으며 어떤 집에 살고 있고 또 어떤 차를 타고 있을까를 묻는 질문에 7성급 호텔의 주방장을 목표로 삼고 있다는 한 참여소년은 "압구정동 30억 짜리 아파트에 살면서 마이바흐 자동차를 타고 있을 것 같아요."라고 대답했다. 대답을 하는 태도는 충분히 진실했다. 그저 무성의하게 아무렇게나 툭 던진 대답이 아니었다. 물론 이 청소년이 가지고 있는 꿈이 실현될 가능성이 전혀 없는 것은 아니다. 그러나 상식적인 사고를 하는 사람이라면 위의 내용이 19세인 청소년이 10년 후 29세의 청년이 되어 이룰 수 있는 꿈이라기에는 그 실현

가능성이 얼마나 희박한 것인지 안다. 이 질문을 던진 회기에 참여했던 9명의 청소년들의 대답은 거의 모두 비슷했다. 단 1명만이 현실적이라는 느낌이 드는 꿈을 이야기 했다. 나머지 8명은 자신이 하고 있는 대답의 의미를 정확히 모르고 있었던 것이다. 이러한 사실을 참여 청소년들이 깨달아야한다. 향후 10년을 년단위와 월단위로 세분하여 구체적인 계획을 세워나가는 과정에서 이들은 이러한 사실을 깨닫게 될 것이다.

이형빈은 “자기를 대상으로 하는 글쓰기에서는 글쓰기 주체로서의 자아와 글쓰기 대상으로서의 자아 사이에 대화가 이루어지며 이를 통해 새로운 자아가 형성되기도 한다.”라고 주장한다. 충분히 설득력이 있는 주장이다. 춘천 생활관 청소년들이 자아와의 대화 즉 ‘나와의 소통’을 통해 우선적으로 찾아야 할 자아는 보다 현실적인 감각을 지닌 자아다.

물론 이들이 작성하게 되는 자서전의 내용이 미래에 관한 계획만을 담게 될 것은 아니다. 이들의 과거에 대한 올바른 인식과 기억은 미래의 현실적 상상을 이끌어내기 위해 필요한 밑거름이다. 과거에 대한 긍정적인 기억이 많지 않을 생활관의 청소년들에게 과거의 이야기를 시시콜콜 이끌어내는 일은 의미 없는 일이다. 과거의 일을 끄집어내 카타르시적 치유경험을 제공하는 것도 역시 의미 없는 일이다. 과거에서 이들의 변화를 이끌어낼 근거를 찾겠다는 의도는 자칫 이들에게 더 큰 아픔만 남겨줄 수 있다.

인문치료에서는 아동 및 청소년들의 성장과 더불어 소통의 능력도 성장한다고 가정한다. 소통의 능력이 정상적으로 발달하지 못한 경우, 다시 말해 성장기에 소통하는 법을 제대로 습득하지 못한 경우 성인이 되어서도 소통에 문제가 생길 수 있다. 그러나 이러한 경우라도 과거에서 그 원인을 찾을 필요는 없다. 이미 소통의 실패를 경험한 춘천 생활관의 청소년들의 경우 그 아픈 경험을 들추어내 소통이 부재했던 원인을 찾는 일은 곪았던 상처가 왜 곪았었는지 알아보기 위해 그 아문 상처를 다시 후벼 파는 격이 될 수 있기 때문이다. 이들은 어차피 과거와는 다른 존재다. 그들에게 중요한 것은 현시점에서의 변화의 의지다. 이들에게 필요한 것은 지금 자신이 처한 사회적, 실존적 상황에서 소통하는 법을 다시 새롭게 습득하는 일이다.

물론 과거를 돌아보고 정리하는 것도 필요하다. 과거를 이야기하는 행위도 미래를 이야기하는 행위만큼이나 인과적 사고의 과정을 필요로 하기 때문이다. 인과적 사고 능력은 생활관 청소년들이 가장 취약한 부분 중 하나이기도 하다. "자전적 글쓰기 전 과정에서 우리는 과거를 되돌아보는 추체험의 과정을 갖는다. 그런데 어떤 것을 망각하고 어떤 것을 기억하는지에 따라 정체성은 변화한다. 과거와 현재의 자기 사이에 일정한 심리적 거리를 유지하면서 진실한 자세로 대화할 때 떠오르는 경험(기억)들은 자아의 성장을 도모할 수 있게 한다. 아울러, 상기한 경험들이 의미하는 바가 무엇인지 스스로 되짚어 생각하는 자세 또한 중요하다." 하지만 이들에게 과거의 이야기를 끌어내게 할 때에는 그 행위가 현재의 자신의 위치를 정확히 파악하기 위해서 필요한 만큼만 진행될 수 있도록 해야 한다.

이렇게 미래의 시점에서 자서전을 쓰는 과정에서 청소년들은 과거와 현재 그리고 미래를 넘나들면서 문학의 환유를 통한 객관화와 허구를 통한 간접체험 그리고 철학적 사유와 논리를 통한 관점의 변화, 시간적 변화의 기록위에 자신을 위치시킴으로써 생겨나는 객관적 시각 등을 습득하는 교육적 효과를 누릴 수 있다. 이 과정에서 참여자들은 자신은 물론 자신의 자서전에 등장하는 타인의 생각과 느낌을 해석하고 그려 낼 수 있는 기회를 얻게 될 것이다. 이들이 자라온 시간과 또 현재 경험하고 있는 많은 일들 중 혼란스럽고 설명할 수 없을 것 같았던 경험을 논리적인 문장을 통해 묘사하는 과정에서 이들은 그 실체를 파악할 수 있을 것이며 자신의 생각과 느낌 그리고 남의 생각을 언어화해봄으로써 청소년들의 공감 능력은 향상될 것이다. 그리고 이 과정에서 청소년들의 자기 제어력과 자기 효능감도 증진될 것이며 이는 곧 내면의 소통이나 타자와의 소통의 가능성을 높이는 계기가 될 것이다.

6. 나가는 말

우리는 이 논문에서 보호관찰 청소년들이 건전한 사회인으로 살아갈 수 있도록 유도하기 위해 인문치료가 어떤 역할을 할 수 있는 것인가에 대한 논의를 시작으로 춘천 생활관 청소년들을 위해 기획된 〈10년 뒤 미래의 시점에서 자서전 쓰기〉 프로그램의 진행현황에 대해 중간보고의 형태로 정리했다. 총 4회기로 4주간 진행된 예비프로그램에서는 생활관 청소년들의 인문학적 소양을 점검하고 동시에 이들에게 프로그램에 대한 인문학적 의의를 알려 흥미를 유발하는 것을 목적으로 했다. 프랑스 예술치료의 이론적 토대를 확립한 리샤르 포레스티에의 '3B이론'에 기초하여 작성한 측정도구로 측정한 결과 해당 청소년들에게 자서전 쓰기 프로그램에 흥미와 참여의지를 독려하기 위한 예비프로그램은 성공적으로 적용되었다고 판단되었다. 그리고 본 프로그램이 진행된 지난 7주 동안 이들의 참여도가 매우 높았으며 참여자 전원에게 지속하려는 의지가 강함이 확인되면서 위의 측정 결과에 대한 검증도 확보되었다.

현재 이들과 함께 진행하고 있는 프로그램이 계획대로 진행된다면 6명에서 8명의 참여자들이 자서전을 완성할 수 있게 될 것이며 이들이 집필한 자서전은 본인들의 동의를 얻어 국제표준도서번호(ISBN)를 배정받아 정식 출판이 될 것이다. 출판을 하는 이유는 참여자들에게 성취감을 안겨주기 위한 것도 있지만 동시에 출간된 책에 적혀 있는 내용들이 참여한 청소년들이 앞으로 살아가는 과정에서 삶의 이정표가 될 수 있기를 기대하기 때문이다.

인문치료의 주요 대상은 나와 나의 마음 그리고 나와 남과의 소통에서 문제가 생기는 경우다. 특히 나와 남과의 소통의 부재 때문에 생기는 소외의 문제나 사회부적응의 문제에서 인문치료는 효율적인 역할을 수행할 수 있다. 소외나 부적응은 단순히 심리만의 문제는 아니다. 새터민이나 갱생보호자 군부적응장병 등이 고통 받는 소외문제는 근본적으로 심리의 문제라기보다는 사회와 그 개인의 소통이 불가능하기 때문에 생겨나는 문제이기 때문이다. 우리가 이 연구에서 주목하고 있는 생활관의 청소년들의 경우도 이와 다르지 않다. 이들이 자신이 속해 있는 사회 그리고 자신을 둘러싸고 있는 환경과의 소통이 원활하게 진행할 수 있을 때 이들은 건강한 시민으로서의 생활을 영위할 수 있게 될 것이다.

참고문헌

강경선 외, 『인문치료』, 강원대학교출판부, 2009.

강문정, 『청소년의 자아정체성과 도덕성 발달을 위한 장애인 자원봉사 활동 사례연구 : 집단사회사업 방법 적용을 중심으로』,서울여자대학교 석사학위논문, 2008.

김익진, 「소통의 모델에 기초한 인문치료 이론 모형」, 『인문과학연구』 제 25집, 2010.6.

김익진, 「예술치료에서 예술의 의미 : 프랑스 예술치료이론을 중심으로」, 『예술심리치료연구』, 9권 1호, 2013.

김하연 외, 「청소년의 자아개념, 또래집단에 대한 동조 및 비행간의 상호관계」, 『한국심리학회지』, 1991, vol.4 No.1.

오신혜, 『자전적 글쓰기를 활용한 문학적 치유』, 영남대 박사학위 논문, 2012년 2월

유호식, 「성찰의 글쓰기와 자기 정당화의 글쓰기」, 『서평문화』 제 48집, 2002.

이찬종 외 「공감, 정서 그리고 행복의 관계」, 『호남문화연구』, 49권, 2011

이형빈, 『고백적 글쓰기 표현방식 연구-해방공간의 소설을 중심으로』, 서울대학교 석사학위 논문 1999

정기명, 『보호관찰을 받은 청소년들의 경험연구』, 박사학의 논문, 성균관대학교, 2012,12

정원식, 『자아개념실시요강』, 코리아테스팅센터

조학래, 『자원봉사활동이 청소년의 자아정체성과 도덕성 발달에 미치는 영향 연구』, 연세대학교 박사학위논문, 1996.

허재홍 외, 「공감이 자기존중감과 주관적 안녕감에 미치는 영향」, 『한국음향학회지』, 29권 5호, 2010.

Forestier, R., *Tout savoir sur l'art-thérapie,* Favre, 1999 『예술치료의

모든 것』, 번역 김익진, 강원대학교출판부, 2012.

Leung, K., and Lau, S(1989). Effect of self-concept and perceived disapproval of delinquent behavior in school children, *Journal of Youth and Adolescence*, 18.

※ 이 글은 『인문과학』 제100집(2014. 4. 연세대학교 인문학연구원)에 수록된 논문 「보호관찰대상 청소년과 인문치료」를 수정 보완한 글이다.

대학생들의 소통 증진을 위한 인문학 고전

유 강 하

1. 인문치료와 소통

'행복한 삶', '행복한 꿈' 등 '행복'은 우리 사회의 커다란 화두가 되었다. 고통스러운 삶에서 벗어나 행복을 추구한다는 것은 통계 자료나 과학적 방법으로 입증하지 않아도 쉽게 받아들여진다. 그렇다면 행복이나 삶의 안녕을 방해하는 요인은 무엇일까? 인문학으로 사람과 세상을 치유한다는 '인문치료'에서는 '소외'를 행복과 안녕으로 가는 데 방해가 되는 요인이라고 꼽았다.

> 소외는 인문치료가 추구하는 현대인들의 안녕을 방해하는 가장 큰 요소다. 그래서 인간의 안녕과 행복을 그 궁극적으로 삼는 인문치료의 가설의 중심에는 소통이라는 개념이 있다. 인간은 소통하고자 하는 욕망, 즉 '소통의 리비도'를 지닌 존재이며 그 소통의 궁극적인 목적은 행복의 추구다. (『행복한 삶을 위한 인문치료학 2단계 보고서』, 9)

이 사회에서 개인이 경험하는 소외는 행복의 방해요소가 되고,

소외를 가능케 한 단절은 소통을 통해 회복될 수 있다고 보았다. 이처럼 인문치료에서 소통을 행복으로 나아가는 중요한 방법으로 인식하고 있다는 것은, 바꾸어 말하면 불통에서 빚어진 고통을 소통으로 치유할 수 있다는 의미가 된다. 이렇게 말하는 것이 가능하다면, 인문학이야 말로 소통을 향해 나아가도록 돕는 데 무엇보다 좋은 치유제, 촉진제가 될 수 있을 것이다.

누구나 소통을 원하지만, 소통하는 방법은 의외로 간단치 않다. 소통이라는 것이 일방이 아닌 쌍방을 전제로 하는 것이고, 사람마다 다른 다양성과 특이성 또한 고려의 대상이 되어야 하기 때문이다. 인문치료에서는 '치유로서의 소통의 방법'을 다음과 같이 제시하고 있다.

> [인문치료는] 소통의 부재로 인한 문제의 해결을 돕는 것이다. 그 일은 크게 두 가지로 나뉜다. 첫째, 효율적인 소통방법을 알려주고 소통이 가능한 환경을 조성해주는 일이다. 둘째, 소통을 위해 필요한 지식과 자아 및 환경에 대한 인식의 부족분을 채워줄 수 있도록 관련 지식과 스킬의 습득을 유도하는 일이다. (『행복한 삶을 위한 인문치료학 2단계 보고서』, 9)

인문치료에서는 소통의 방법을 알려주고, 소통이 가능한 환경을 조성해주며, 소통에 필요한 지식이 있다면 이를 채워주고 기술적인 부분도 익힐 수 있도록 돕는 것이다. 소통은 일방적인 지식 주입이 아니라, 소통의 '방법'을 알고 소통할 수 있는 마음과 태도를 갖도록 돕는 것이 방법 중의 하나가 될 것이다.

이 글은 〈인문학 고전읽기와 토론〉이라는 교과목으로 진행한 수업에서 이루어진 내용의 일부이다. 교과목명에서 짐작할 수 있는 것처럼, 이 수업은 기본적으로 인문학 고전을 '읽고', '토론'하는 두 개의 큰 축으로 이루어진다. '읽기'는 텍스트와의 대화 능력, 텍스트와의 소통 능력을 배양하는 공부라 할 수 있고, '토론'은 다른 사람과의 소통을 위한 과정이자 훈련이 된다. 토론이 타인과의 의사소통을 위한 과정이자 훈련이라면, 읽기는 자기와의 소통을 위한 공부에 가깝다고 할 수 있다.

다른 여타의 치유가 그렇듯, 증상이 나타난 후 치료하는 '대증치료'(對症治療)가 우선적 치유의 대상이 되고 치유의 효과 역시 가시적일 것이다. 하지만 모든 병에서 다른 드러난 병증의 치유보다 예방이 우선이듯, '소통'에서도 역시 예방의 방법을 찾는 것이 중요해 보인다. 대증치료에 비해 효과는 덜해 보일 수 있지만, 소통을 배우는 방법은 개인을 위해서 뿐만 아니라 공동체와 사회에도 긍정적인 역할을 할 수 있을 것이다. 특히 앞으로 사회인이 될 대학생들이 소통의 중요성을 스스로 깨닫고, 소통의 방법을 배우는 것은 '예방적 차원'에서 중요한 공부가 되리라 생각한다.

소통을 위한 인문학의 역할

이 글에서는 '인문학 고전 읽기'와 '토론'을 통한 소통을 모두 다루지 못하고, 고전 읽기를 통해 어떠한 방식으로 소통할 수 있고, 이것이 소통과 어떠한 관계가 있는지에 초점을 맞추어 살펴보고자 한다. 이 수업의 '읽기'에는 글쓰기가 수반되는데, 읽기와 글쓰기는 독립적인 분과로 존재한다기보다는, 상보적인 역할을 하며 소통이라는 거대한 목표를 향해 나아간다.

이 글에서는 우선 〈인문학 고전 읽기와 토론〉 수업에서 소통의 방법론이 될 '텍스트와의 대화', '대화적 해석'과 글쓰기를 제시하고, 이어 이것이 실제 교육 현장에서 어떠한 방식으로 운용, 적용, 실천되는지, 사례의 일부를 소개한다. 고전 읽기와 글쓰기를 통해 얻어진 탈(脫)학습, 자기성찰, 현재적 재맥락화는 결국 소통이라는 넓은 길로 수렴된다는 점을 밝히고자 한다. 이는 결국 학습자가 소통의 중요성을 인식하고, 자기성찰을 통해 보다 넓은 소통의 길로 나아가도록 선택하게 한다는 점에서 의미를 찾을 수 있을 것이다.

'고전'(古典)이라 하면, 어렵고 딱딱하다는 느낌을 갖게 될 때가 많다. 실제로 동양 고전의 경우, '한학'(漢學)으로 분류되어 어려운 원서를 접해야 하는 경우도 많았지만, 요즈음은 경서(經書)를 비롯하여 문학서에 이르기까지 다양하게 번역되어 있어 고전에 대한 접근이 어렵지 않다.

2. 인문학 고전 텍스트와의 대화

소통은 개인과 개인뿐만 아니라, 개인과 사회(공동체), 사회와 사회 사이에서도 필요한 것이다. 소통에 대해서는 그간 구체적인 실천이 이루어졌다고 평가할 만한 부분이 있다. 소통의 기술을 향상시키는 능력과 학습도 필요하지만, 소통의 능력은 단순히 기술적인 능력의 향상에서 이루어지는 것은 아니다. 나의 의사를 정확하게 전달하고 정확하게 인지하는 능력과 더불어 필요한 것은 대화 맥락에 대한 통합적 이해, 상대방을 이해하려는 열린 생각과 사고이다.

이 글에서는 인문학 고전 '텍스트와의 대화', '대화적 해석'을 통한 소통을 논하게 되는데, 이 논문에서 주요하게 사용될 '텍스트와의 대화', '대화적 해석', '대화적 태도'는 다음과 같은 개념을 담은 용어로 사용된다.

> 인문학적 소통은 비유적인 의미에서가 아니라 축자적인 의미에서 **'텍스트와의 대화'**를 지향한다. 여기서 대화라는 말을 축자적으로 받아들인다면 텍스트는 단순한 대상적 객체가 아니라 나와 대화할 수 있는 어떤 주체가 된다. …… 이때 **텍스트는 발신자와 수신자 사이에 놓인 매개체일 뿐만 아니라 스스로 말하는 주체다.** 저자가 말할 뿐만 아니라 텍스트가 말한다. (강조부분, 필자) (변현태, 2010, 327)

> 어떤 소통은 R1=R2를 지향하는 것이 아니라 R1에 대한 다양한 **대화적인 해석,** 무수히 많은 변이체들을 지향한다. …… **대화적 태도**는 고정된 말의 의미를 지향하는 것이 아니라, 새로운 맥락에서 그 의미가 재맥락화될 수 있도록 때로는 고정된 말의 의미가 새로운 맥락에

서 새로운 모습으로 부활할 수 있도록 만들어준다. (강조부분, 필자) (변현태, 2010, 327)

인문학 고전 텍스트의 대화적 해석, 텍스트와의 대화는 인문학적 소통을 가능하게 한다. 또한 인문학 고전 '읽기'는 인지적 측면에서의 이해뿐만 아니라, 정서적 측면의 이해가 수반된다. 멀게는 수 천 년 전, 가깝게는 수백 년 전의 글을 읽을 때, 텍스트의 의미를 이해하는 것은 무엇보다 중요하다. 그런데 더욱 중요한 것은 그것이 학습자가 처한 '지금, 여기'에서의 해석, 즉 현재적 맥락 안에서 의미를 획득할 수 있다는 점이다. '현재의 나'는 인문학 고전 텍스트와 만나 대화하고, 이를 통해 인문학적 소통을 경험하게 된다.

이를 위해 이 수업에서는 매주 정해진 고전을 읽고 동시에 글쓰기를 병행하였다. '읽기'와 '글쓰기'는 고전 인문학 공부의 가장 기본적인 방식으로서, 글쓰기는 배운 내용을 정리하거나, 인문학 고전을 읽고 배우면서 들었던 생각이나 비판, 질문을 자유롭게 기술하는 방식인 동시에, 교수자와 학습자가 소통할 수 있는 효과적인 통로가 되기도 한다. 물론 글쓰기만으로도 소통이나 자아성찰이 가능하지만, 읽기의 대상이 되고, 대화의 상대가 되는 텍스트는 일종의 자극제의 역할을 함으로써, 보다 다양한 사고를 가능하게 하고 때로 한 번도 생각해보지 못한 주제들에 대해서도 생각할 기회를 제공하여, 소통을 더욱 원활히 한다는 점에서 유의미하다.

읽기에 이어지는 자유로운 글쓰기와 피드백을 통해 학습자는 잘못된 정보를 수정할 수 있고, 교수자와 생각을 나누는 장으로 유용하게 활용할 수 있다. 교수자의 피드백은 학습자에게 읽고 쓰는 즐거움을 느끼게 하여 학습자가 적극적인 글쓰기에 임하도록 돕는다. 인문학 고전 텍스트를 읽는 것은 고전의 저자와 만나는 일인 동시에 텍스트와의 만남, 대화이기도 하다. 학습자는 이 만남과 대화를 통해 인문학적 소통의 의미와 중요성을 체득하며 소통을 지향하는 열린 태도를 갖게 된다.

3. 소통을 위한 대화적 해석과 글쓰기

"배우기만 하고 생각하지 않으면 멍청이가 되고,
생각만 하고 배우지 않으면 위태롭게 된다."
(『논어』(論語)「위정」(爲政))

일찍이 공자(孔子)는 "배우기만 하고 생각하지 않으면 멍청이가 되고, 생각만 하고 배우지 않으면 위태롭게 된다."라고 말했다. 공부도 중요하지만, 그에 걸맞은 사유하기 또한 결코 소홀히 다루어져서는 안 된다는 설명이다. 텍스트가 대상화되는 것을 경계한 공자의 말은 텍스트의 대화적 해석을 강조한 것이라 할 만하다.

텍스트는 대화적 해석을 통해 새로운 맥락을 획득하게 되고, 여기에서 무수한 차이와 변이체들이 생성된다.[1] 텍스트와의 만남을

1) "맥락과 차이를 중요하게 여기는 소통, 이러한 관점에서 얼핏 모순적으로 보이지만 R1=R2를 지향하지 않는 소통의 유형을 상정해볼 수 있다. 텍스트로 한정해 보면 약호화 체계와 탈약호화/해독의 체계가 달라서 텍스트에 대한 차이를 발생시키는 소통, 인문학적인 소통은 이러한 소통을 지향한다." 변현태, 「인문학적 소통이란 무엇인가」, p.325

통해 얻게 된 서로 다른 해석, 즉 해석의 차이와 변이체들은 소통의 중요성을 새롭게 인식하도록 돕는데, "소통은 함께 할 부분이 있으면서도 서로 잘 모르는 낯선 부분이 있을 때 활발하게 이루어"(김석수 · 김교빈 · 신주백 · 이명원, 2008, iv)지기 때문이다. 텍스트에 대한 대화적 해석과 글쓰기가 소통에 긍정적인 역할을 할 수 있다는 것을, 수업에 참여한 학생들의 글쓰기를 통해 구체적으로 살펴보고자 한다.

(1) 탈학습

한쪽으로 치우친 시선이라는 의미를 가진 편견(偏見)이나 고정관념은 때로 학습이 아닌, 공동체와 사회 속에서 자연스럽게 습득된다. 자연스러운 경로를 통해 얻어진 것이기 때문에, 스스로에게 내재한 편견 또는 고정관념의 실체를 깨닫는 것은 결코 쉬운 일이 아니다. 여기에서 파생된 문제점들을 파악하는 것은 더더욱 어렵다. 그런데 이 편견을 깨지 않고는 새로운 것을 배울 수 없다. 새로운 것을 학습(學習, learning)하기 위해서는 '탈학습(脫學習, unlearning)'이 필요한 것이다.

> "과거에 소중한 가치를 지닌 지식이라도 시간이 지나면서 구태의연한 관행으로 굳어지거나, 현재의 상황을 왜곡하여 새로운 경험을 가로막는 지식으로 변질되면 그 지식의 가치와 위상은 '해체'할 필요성이 제기된다. 시대에 뒤떨어진 과거의 지식은 과감하게 탈피하고(폐기), 자신의 지식체계를 새롭게 구성(재학습)함으로써 불확실한

> 미래에 능동적으로 대처해나가는 창의적인 학습활동이 바로 '폐기학습'이다. …… 대부분의 성인학습자는 현재의 상태가 아주 심각하게 위협을 받지 않는 한 기존의 신념이나 가치관을 그대로 유지하려고 하지 그것을 일부러 바꾸려 하지 않는다. …… 절대 진리(眞理)를 고집하는 관점에서 벗어나 일리(一理)를 수용하는 폐기학습은 비단 학습활동뿐만 아니라 삶의 전반에도 영향을 미친다.(송미영 · 유영만, 2008, 32-34)

탈학습은 고정관념을 탈피하거나, 관행으로 굳어진 지식을 해체함으로써 새로운 지식 체계를 세운다는 의미이므로 '폐기학습'이라고도 명명되는데, 이를 위해서는 인식하지 못하는 사이에 자연스럽게 체득된 편견의 실체를 확인하는 것, 즉 자기 자신이 가진 편견을 인식하는 것이 무엇보다 중요하다.

수많은 선입견 가운데 하나가 '인문학'과 '고전'에 대한 편견이다. 인문학을 한번도 접해보지 못했다 하더라도, 인문학은 모호하고 가까이 하기 어려운 것, 고전은 어렵고 지루한 것이라고 생각하기 쉽다. 이는 학생들의 글쓰기에서도 쉽게 확인된다.

> 처음에 인문학을 배우기 전에는 교과목명만 보고는 재미없을 것 같고, 따분할 것 같은 생각이 많이 들었다.

> 고전문학이라고 해서 고리타분하고 식상한 이야기만 할 줄 알았는데, 굉장히 공감 가는 내용이 많아서 수업 내내 흥미로웠다. 뻔한 이야기인 것 같지만, 내 생각이 미처 닿지 못하는 부분까지도 생각하게 했다.

인문학은 우리에게 꼭 필요한 학문이고, 고전이라고 해서 지루하고 어렵기만 한 것이 아니라는 설명을 반복하는 것은 인문학에 대한 선입견을 버리거나 바꾸게 하는 데 크게 도움이 되지 않는다. 오히려 그런 설명 자체가 인문학에 대한 변명으로 받아들여지면서 자칫 더 견고한 선입견을 만들어 줄 수 있기 때문이다. 더딘 방법이기는 하지만, 구체적인 작품을 읽고 스스로 체득하게 하는 것이 효과적인 방법이 될 수 있다. 직접 경험함으로써 인문학과 고전에 대해 가졌던 생각의 일부가 편견이었음을 '깨달을 수' 있고, 결과적으로 학습자가 고전에 대해 가졌던 선입견, 고정관념을 폐기(unlearning)할 수 있기 때문이다.

> 『사기』와 기전체, 그리고 『사기』의 저자인 사마천은 고등학교 역사 시간에 많이 들어보고 열심히 암기를 했기 때문에 『시경』이나 『논어』에 비해 익숙한 편이었다. <u>특히 『사기』의 서술방식인 기전체는 밑줄을 여러 번 긋고 암기를 했었는데, 이번 시간에 사기를 배우면서 기전체를 접하고 알게 되었다.</u> 일단 처음 느낀 것은 재미있다는 것이었다. 화씨벽을 얻게 되어서 발생한 문제를 인상여가 풀어가는 과정의 이야기는 재미있는 소설을 보고 있는 느낌이었다.

> 내가 '인문학 고전 읽기와 토론'(중국고전)을 선택한 이유는 대부분의 동양사상가를 잘 알고 있다고 생각했기 때문이다. 수강신청 당일 강의계획서에 적혀 있던 『논어』를 보고 머릿속으로 '인, 정명, 윤리, 대동사회' 등을 생각하며 자만하는 마음으로 수강신청을 했던 기억이 난다. 그러나 두 번째 시간에 『논어』를 해석해 놓은 자료가 아니라, 공자가 살아생전에 했던 말과 행동을 배우는 것을 보고, 역시 대

학 공부는 다르다고 생각했다. 그 때문에 내가 알고 있던 것들은 극히 일부에 지나지 않는다는 것을 알았다.

인문학 고전 텍스트 읽기는 텍스트와의 대화이자 소통이라 할 수 있다. 텍스트와의 소통은 단순히 텍스트를 정확하게 이해하는 의미를 뛰어넘는다. 이는 편견의 실체와 대면하는 충격적인 시간이 되기도 하고, 지극히 당연하다고 믿어왔던 사실을 '의심'하게 만드는 낯선 경험이 되기도 한다.

> 인문학 고전 읽기를 지금까지 공부하면서 느낀 점은 자신의 생각이나 주장을 딱 하나로 정하는 것이 쉽지 않다는 것이다. 왜냐하면 『맹자』의 글을 읽고 배울 때는 분명히 맞는 말이고 옳은 이야기라고 생각했는데, 이와는 상반되는 생각인 한비자의 글을 읽고 매우 공감했기 때문이다.
>
> 법가사상을 주장한 한비자. 중고등학교 때 중국의 진나라를 배우며 한비자를 접했을 때, '하나는 알고 둘은 모르는 사람'이라고 생각했다. ……그런데 이번 글(『한비자』(韓非子)「세난」(說難), 「오두」(五蠹))를 읽고, '아! 한비자가 그렇게 악독하지는 않구나! 나름의 잣대가 있고 내가 생각했던 것보다 훌륭한 사람이구나'!라고 생각했다.

고전에 관한 편견이 초래하는 또 다른 문제는, 텍스트를 한 번도 접해보지 않은 상태에서 얻어진 기성지식의 경직성이다. 위의 글쓰기는 '맹자=성선설', '순자=성악설'의 개념으로만 이해하고 암기했을 뿐, 실제 텍스트를 접한 경험이 없는 학생들이 텍스트를 접한 후의 반응이다. '순자=성악설', '성악설 → 법치 → 한비자 · 이사 → 진시황의 공포정치'로 이어지는 도식화된 지식은, 성악설과 진시황을 동궤에 올려놓고, '분서갱유'(焚書坑儒)와 같은 구체적인 사건과 연결시킴으로써 일련의 폭력적인 이미지를 쉽사리 생산한다. 때로 이 폭력적인 이미지는 또 다른 폭력(다양한 의미에서의)으로 이어진다는 데 위험성이 있다. 인간 공자를 재조명하고 싶었으나, "책을 읽지 않은 자가 책을 읽은 자를 욕하되, 올바른 이유가 있다는 듯이 당당하게 쓸데없는 말을 쏟아"내고 비난하는 당혹스러운 일을 겪었던 리링(李零)의 탄식도 같은 맥락에서 이해할 수 있다.(李零, 2011, 9)

또한 텍스트를 접하지 않은 상태에서 학습된 지식은 고착화된 이미지를 양산할 뿐만 아니라, 텍스트를 접할 기회까지도 차단시킨다는 점에서 심각한 문제로 제기될 수 있다. 그러나 고전을 '직접' 읽는다는 것은 감상이나 지식의 습득에 그치지 않고, 스스로 가지고 있던 선입견과 고정관념, 편견을 확인하고 수정하는 기회가 된다는 점에서 유의미하다.

> '인문학 고전 읽기와 토론'을 통해 고전에 대한 나의 편견이 바뀌게 되었다. 옛날에는 지금보다 더욱 제한이 있을 거라고 생각했던 여성의 솔직한 감정 표현이 있었다는 것을 『시경』(詩經)을 통해 알게 되었다.

> 『시경』의 시들은 정말 집중해서 재미있게 배웠다. 우리 주변에 흔히 일어날 수 있는 상황으로 된 시들이어서 그런지 예전에도 이런 상황들이 존재했었구나, 하고 깨달을 수 있었다. 옛 사람들과 내가 공감할 수 있다는 게 놀라웠다.

고전에 대한 편견을 깨고, 흥미를 느낀다는 것은 고전의 내용을 인지적으로 이해한다는 의미를 넘어선다. 알게 모르게 습득된 지식이나 습관이 지식 위주의 주입식 학습에서 비롯된 선입견, 편견이었음을 깨닫게 되는 중요한 자각점이 된다. 이는 타인 또는 삶과 소통할 수 있는 기초인 열린 태도, 열린 생각으로 나아가게 하는 중요한 출발점이 된다는 점에서 의미가 있다.

옛 사람들과의 공감, 고전에 대한 편견의 극복, 새로운 이해와 깨달음은 텍스트를 직접 접한 이후에야 얻을 수 있다. 고전 읽기는 '고전은 따분할 것', '과거에는 아마도 이러했을 것'이라는 막연한 추측(그러나 고정관념처럼 굳어버린 추측)에서 벗어나게 하는 데 도움을 준다. 학습자가 가지고 있는 고정관념 또는 편견을 일일이 수정하는 것이 아니라, 학생들 스스로 경험하고 깨달음으로써 고정관념을 기꺼이 폐기하는 것이다.

이 수업에서 유도하는 탈학습은 교수자에 의해 주도된 폐기가 아니라, 학습자 스스로 경험을 통해 실천하는 벗어버림(脫), 폐기이다. 그것은 스스로 가진 편견과 인식의 한계를 인지하고, 반성하는 태도를 가질 때 비로소 가능하며, 일방적인 주입식 설명과 교육이 아닌, 직접적인 체험을 전제로 했을 때 더욱 큰 효과를 기대할 수 있다.

인문학 고전을 설명하는 수많은 입문서를 읽는 것과 텍스트를 직접 접하는 것에는 큰 차이가 있다. 고전 읽기를 통해 편견을 극복하는 것은 고전에 대한 편견만을 극복하게 하는 것이 아니라, 내 생각의 일부가 편견, 고정관념일 수 있다는 의심의 태도를 가지게 함으로써 경직된 태도를 수정하고, 앞으로 유연한 삶의 태도를 갖는 데 긍정적인 역할을 하게 된다. 탈학습은 학습자가 갖고 있던 지식을 '의심'하고 인식의 틀을 깨뜨리는 계기가 되는데, 이런 충격적이고 낯선 경험은 인식의 폭을 확장시키는 데 기여하게 된다. 이보다 더 중요한 것은 이러한 과정을 통해 새롭게 학습된 유연한 태도이다. 현재 내가 가진 지식에 대해 의심하고, 해석의 가능성을 열어두는 태도는 다른 의견도 경청할 수 있는 자세로 이어지고, 원활한 소통을 가능케 하는 열린 삶의 자세를 갖게 된다.

(2) 자기성찰

'소통'은 막힌 것이 뚫린 상태, 막힘이 없는 자연스러운 흐름을 의미한다. 따라서 소통은 결과보다는 과정에 가까우며, 완료된 형태보다는 진행형에 가까운 개념이기도 하다. 개인과 개인, 개인과 공동체, 공동체 사이의 불통을 유발하는 요소에는 여러 가지가 있겠지만, 때로 '불통'은 성찰의 결핍에서 비롯되기도 한다. 남을 비판하는 데는 익숙하지만, 자기 성찰에는 인색한 태도는 소통을 가로막는 요인으로 작용한다.

인문학 고전 텍스트는 일상생활에서 자기도 생각하지 못했던 문제를 직면하게 하는 일종의 자극제의 역할을 한다. 텍스트와의 대화는 스스로를 되돌아보게 함으로써 자기성찰을 하게 만드는 중요한 계기가 될 수 있다.

(1-1) 송(宋)나라 사람 가운데 밭갈이 하는 자가 있었다. 밭 가운데 나무 밑동이 있었는데, [어느 날] 토끼가 달아나다가 나무 밑동에 걸려 목이 부러져 죽었다. 그러자 그는 [밭 갈던] 쟁기를 버리고 나무 밑동을 지키며 다시 토끼 얻기만을 바랐다.(수주대토守株待兎) 그러나 토끼를 다시는 얻을 수 없었으며 [그 자신은] 송나라의 웃음거리가 되었다. 지금 선왕의 정치로 요즈음의 백성을 다스리려 하는 것은 나무 밑동을 지키는 것과 같은 부류다. (『한비자』(韓非子) 「오두」(五蠹))

(1-2) 수주태도(守株待兎)는 정말 어리석은 짓이다. 기다리기만 하면 변하는 것은 아무 것도 없다. 시대에 맞지 않는 대책을 계속해서 주장한다면 결국 토끼를 기다리다가 굶어죽을 것이다. 시대에 맞지 않는 것은 과감히 철폐하고 시대에 맞는 새로운 사상을 세워야 한다는 한비자의 생각을 내게는 이렇게 적용하고 싶다. 때로는 과감한 도전이 필요하다는 것이다. 낡은 자존심만 지키고 있는 것은 어쩌면 시대에 어긋난 정책을 주장하는 것과 같은 것 같다. 세상이 변하는 데 뒤로 가는 것이 무슨 도움이 되겠는가. 지금은 낡은 생각을 과감히 버리고 새로운 시도를 해야 현실에 발맞추어 갈 수 있다. 하지만 아직도 나의 고집을 붙잡아두고 있는 내가 너무 한심하다. 아직도 나는 토끼를 기다리는 걸까, 아직 토끼가 나타날지도 모른다는 1%의 믿음을 버리지 못하고 있다.

(2-1) 그러므로 간언을 드리거나 담론을 펴고자 하는 사람은 군주로부터 자신이 총애를 받는가, 미움을 받는가를 살펴서 확인한 뒤에 말하지 않을 수 없다. 용(龍)이란 짐승은 길들여서 탈 수 있다. 그런데 그 턱밑에 직경 한 자 정도의 거꾸로 박힌 비늘(逆鱗)이 있다. 만일 사람이 그것을 건드리면 반드시 그 사람을 죽이고 만다. 군주에게도 마찬가지로 역린이라는 것이 있다. 설득하는 자가 군주의 역린(逆鱗)을 건드리지 않으면 그 설득을 기대할 만하다. (『한비자』(韓非子) 「세난」(世難))

> (2-2) 설득의 어려움을 말한 『한비자』「세난」에 소개된 '역린(逆鱗)'에 대해 말하고 싶다. …… 실제 생활에서 보면, 이해가 안 되고 오해가 되고, 설득이 안 되어 흥분을 하면 그 역린이란 것을 건드리지 않는 것이 여간 어려운 것이 아니었다. 설득을 금세 잊고 상대를 무너뜨리기 위해서 상대의 역린을 쉽게 건드렸던 옛 일들이 [생각나서] 부쩍 미안했다. …… 앞으로 설득을 할 때에는 조금 더 진지하고 효율적으로 할 수 있을 것 같다.

고전 텍스트는 대화 상대가 되어 학습자에게 말을 건다. 학습자는 『한비자』 텍스트와의 대화를 통해 역린의 의미, 수주대토 했던 어리석은 농부의 태도를 '듣고' 부끄러웠던 과거, 아직 해결되지 못한 자기 자신의 모습을 바라보게 되는 것이다. 읽기를 통하지 않아도 성찰적 글쓰기는 얼마든지 가능하지만, 읽기가 수반된 글쓰기는 스스로의 문제를 보다 깊이 들여다보게 해준다.

고전 속 이야기는 남의 이야기에 머무르지 않고, 독자에게 부단히 말을 건다. 주도적인 삶을 이끌어가는 동력은 스스로에 대한 고민과 탐문에서 시작된다. 삶 속에서 문제를 만났을 때, 문제의 원인 또는 해결책을 외부에서만 찾으려 하면 문제는 쉽게 풀리지 않는다. 그렇기 때문에 자기 자신을 들여다보는 연습은 중요하고 의미가 있다.

> (3-1) "증자가 말하였다. '나는 하루에 세 번 스스로를 반성한다. 다른 사람을 위해 일을 할 때 충성스럽지는 않았는가? 친구와 사귀면서 미덥지 못하게 한 것은 아닌가? 전수받은 것을 익히지 않고 그냥 넘긴 것은 아닌가?'" (『논어』(論語)「학이」(學而))

(3-2) 몇 개월 전 친했던 친구와 틀어진 인간관계로 마음 상하는 일이 있었는데, 방학이 지나도록 그 관계는 호전될 수 없을 만큼 나빠졌다. 그 때에는 내 자신밖에 생각할 줄 몰랐다. …… 『논어』의 "친구와 사귀면서 미덥지 못하게 한 것은 아닌가?"라는 부분을 읽으며 그 일을 되새기고 생각해 보았다. 내가 미덥지 못했기 때문에 친구가 미덥지 않아 보였다는 것을 깨닫는 데는 긴 시간이 걸리지 않았지만, 이런 사실을 이해하기까지의 시간은 왜 이렇게 길었던 것인지 ……. 지금에서야 친구의 마음이 이해가 되는지, 많이 후회하고 깨닫는다.

"친구와 사귀면서 미덥지 못하게 한 것은 아닌가?"라는 텍스트 속의 질문은 다시 '나', '나의 문제'를 묻는 질문으로 전환된다. 텍스트의 한 구절은 학습자가 갖고 있었던 문제를 되돌아보고, 성찰하는 기회를 제공한다. 학습자의 짧은 글쓰기가 문제의 직접적인 해결을 의미하지는 않지만, 적어도 해결을 위한 출발점이 된다고 말할 수 있다.

텍스트를 대화적 태도로 대하게 될 때, 열린 생각이 가능해지고 다른 생각과 해석을 받아들이게 되는 수용적 대토를 가지게 된다. 텍스트와의 대화를 통한 텍스트와의 소통, 자기와의 소통은 타인과의 소통, 대중적 소통만큼이나 중요하다. 인문학 고전의 대화적 해석은 고전 텍스트의 이야기를 적극적으로 자기 삶에 비추어 보는 연습을 하게 함으로써, 자기와의 소통을 돕는다. 성찰은 '자기와의 소통'을 가능하게 하는 출발점이다. 자기 자신에 대한 성찰 없이 소통도, 발전도 있을 수 없다.

(3) 현재적 재맥락화

"인문학이 소통의 인문학이 되기 위해서는 현실을 되돌아보지 않을 수 없다."(김석수, 2008, 96) 텍스트의 해석은 지식의 장과 삶의 장에서 각기 이루어진다. 고전 텍스트는 '지금, 여기'로 수신되면서 현재적 의미를 획득한다. '현실과 유리된 인문학', '무기력한 인문학, 파편화된 인문학'으로 설명되는 현상들은 일찍이 인문학의 위기를 조장한 요인으로 지목되어 왔다.(김석수 · 김교빈 · 신주백 · 이명원, 2008, 5) 이것이 텍스트에 대한 치밀한 해석과 고증의 불필요함을 증명하는 것이 되어서는 곤란하다. 이 또한 중요한 과정임이 분명하다. 다만, 인문학 고전 텍스트를 현재적 맥락에서 해석하는 작업 역시 소홀히 할 수 없다. "현실과 소통하지 않는 인문학은 존립 그 자체가 어렵"(김석수, 2008, 99)기 때문이다.

여러 연구에서 지적된 것처럼 지난 수 년 간은 20대의 정치적 관심이 어느 때보다 고조된 시기였다. 기성정치에 대한 실망, 새로운 정치에 대한 갈망은 현실 정치에 대한 관심으로 이어졌다. 그런 이유 때문인지, 많은 학생들이 정치와 관련된 텍스트에 관심을 가졌는데, 가장 많은 관심을 받은 해당 텍스트의 일부는 다음과 같다.

> "농사철을 어기지 않게 하면 곡식을 다 먹을 수 없을 정도로 수확할 수 있고, 촘촘한 그물을 웅덩이와 연못에 넣게 하지 않으면 [연못에서 나는] 물고기와 자라는 다 먹을 수 없을 것입니다. 도끼와 자귀(농기구)를 때에 맞추어 산에 들여보내면 재목을 다 쓸 수 없을 정도로 많을 것입니다." (『맹자』(孟子) 「양혜왕」(梁惠王))

"땅이 백리만 되어도 왕이 될 수 있습니다. 만일 왕께서 어진 정치[仁政]를 베풀어, 형벌은 적게 하시고, 세금도 적게 거두어 보십시오. 백성들은 깊이 밭을 갈고 김 맬 수 있으며, 장성한 자들은 효제와 충신의 도리를 배우게 될 것입니다. 집에 들어가서는 부형을 잘 섬기고, 집 밖에 나와서는 윗사람을 잘 섬길 것이니, 이들로 하여금 몽둥이를 만들어 진(秦)나라와 초(楚)나라의 병기를 매질하게 할 수 있을 것입니다.

저들[다른 나라의 위정자들]이 백성들의 농사철을 빼앗고, 백성들이 농사를 지어 부모를 봉양하는 것을 못하게 한다면, 끝내는 부모가 얼고 굶어 죽고, 형제와 처자들은 흩어지게 될 것입니다. 저들[다른 나라의 위정자들]이 그 백성을 함정에 빠뜨리고 도탄에 빠지게 할 때 왕께서 가셔서 [이 모든 잘못된 것들을] 바로 잡으신다면, 누가 왕의 대적(對敵)이 되겠습니까? 그렇기 때문에 '어진 사람은 대적할 자가 없다.'(仁者無敵)고 하는 것입니다. 왕은 의심하지 마십시오." (『맹자』(孟子) 「양혜왕」(梁惠王))

왕 앞에서도 주눅 들지 않고 당당한 모습, 공허한 고담준론이 아니라 구체적인 대안을 제시하여 왕을 설득하는 모습에서 학생들은 부러움을 느낀다. 그 부러움에는 맹자와 같은 사람이 되고 싶다는 마음, 맹자와 같은 정치인이 '지금, 여기'에도 있었으면 좋겠다는 바람이 포함되어 있다.

치어의 보호를 위해 촘촘한 그물 사용을 금지하고, 산림의 유지와 보호, 인간과의 상생을 위해 입산에 대한 구체적인 규정을 제시하는 모습, 세금을 감하고 형벌을 느슨하게 해야 한다는 제안을 비롯하여, 지도자가 갖추어야 할 태도에 대한 생동감 넘치는 대화에서 전해지는 『맹자』의 한 단락은 학생들에게 '시대를 뛰어넘는 고전의 보편적 가치'를 경험하게 하는 계기가 되었던 것으로 보인다. 『맹자』「양혜왕」의 대화적 해석을 거친 학생들의 글쓰기이다.

> 완벽한 정치를 바라는 건 아니다. 국민에게 부담이 덜 되고 아주 기본적인 것만이라도 지켜주었으면 좋겠다. "백성들이 차라리 망하는 것이 낫겠다고 생각한다면, 아름다운 것들을 소유하고 있다고 한들 어찌 혼자서만 즐기겠느냐"는 내용에 뭉클했다. 망하는 그날에도 백성들과 함께 해주겠다니! 그것까지 바라지도 않으니까, 제발 돈 없는 가난한 사람들을 위해 주었으면 좋겠다. …… 언제 선거가 덜 나쁜 사람을 뽑는 것으로 변질되었는지 모른다. 함께 잘 살고 더 나은 세상을 만들기 위한 맹자의 말을 들어보니, 맹자가 다시 돌아왔으면 좋겠다는 생각도 해본다.

> 『맹자』의 왕부터 은혜로워야 한다는 말, 지금의 정치인들이 제발 알았으면 한다. 윗물이 맑아야 아랫물이 맑을 수 있다는 것을 맹자도 알고 있는데 왜 국회의원들은 모르는가 말이다! …… 백성을 먼저 생각하는 것이 가장 최우선이라는 가장 간단한 것을 왜 그 때의 왕도 모르고, 지금의 대통령도 모르는 걸까? 그래도 어진 사람은 대적할 자가 없다는 맹자의 말처럼 언젠가 어진 사람이 나타나 바른 정치를 해주길 바란다.

고전을 도외시하는 이유 가운데 하나는, 너무 오래된 이야기라는 오해에서 비롯된다. 이런 오해는 고전을 가까이 하지 않게 할 뿐만 아니라, 고전을 접할 기회가 오더라도 습득해야 할 지식으로 대하게 만든다. 그러나 고전이 고전일 수 있는 이유는 그것이 여전히 우리의 삶과 공동체를 설명할 수 있고, 이해시킬 수 있는 보편적 가치를 담고 있는 어떤 것이기 때문이다. (김우창, 2009, 18)이 보편성은 우리의 좁은 현실을 벗어나, 인식의 폭을 넓혀 인류, 세계라는 공동체에까지 사유를 심화시키기도 한다. "인문학의 사용 가치는 무엇보다도 인류가 직면한 문제들을 가장 넓게 성찰한다는 점에 있다"(김기봉, 2012, 38)는 점을 긍정한다면, 이는 매우 자연스러운 사유의 확장이라 할 수 있다.

(4-1) ([약한 조나라 왕과 강한] 진나라 왕과 민지(澠池)에서 회합하였다. 진나라 왕은 술자리가 무르 익어가자 [조나라 왕에게] 이렇게 말했다.
"과인은 조나라 왕께서 음악을 좋아한다는 말을 들었습니다. 거문고를 좀 연주해 보시지요."
조나라 왕이 거문고를 타자, 진나라의 어사(御使)가 앞으로 나와 다음과 같이 기록하였다.
"모년 모월 모일에, 진나라 왕은 조나라 왕을 만나 술을 마시며 조나라 왕에게 거문고를 타게 하였다."
그러자 인상여가 한걸음 나와 말했다.
"우리 조나라 왕께서도 대왕께서 음악에 뛰어나시다고 들었습니다. 대왕께 분부(盆缶)를 올릴 테니 함께 즐길 수 있도록 연주해 주십시오."
그러자 진나라 왕은 노여워하며 승낙하지 않았다. 그러자 인상여는 앞으로 나와 분부를 바치며 무릎을 꿇고 진나라 왕에게 청하였다. 그래도 진나라 왕이 분부를 두드리며 노래하기를 거부하자 인상여는 진나라 왕을 협박하며 말했다.
"대왕과 신의 거리는 다섯 걸음밖에 되지 않습니다. 끝까지 하지 않으시겠다면 제 목의 피로 대왕을 물들이겠습니다."

이 소리를 듣자 진나라 왕의 좌우 신하들이 인상여를 죽이려고 하였지만, 인상여가 눈을 부릅뜨고 호령하자 모두들 놀라 뒤로 물러났다. (『사기』(史記) 「염파인상여열전」(廉頗藺相如列傳))

(4-2) 나는 인상여의 행동이 바람직하지 않다고 생각한다. 인상여는 자신의 목숨을 걸고 무모한 행동들을 벌였다. 과연 개인이 국가를 위해 자신의 목숨까지도 내걸어야 하는지 의문이다. 인상여의 모습은 자살폭탄테러범과도 비슷했다. 왜곡된 애국심은 개인의 무조건적 희생을 강요하는 전체주의로 나타날 수 있다고 생각한다.

약소국의 외교사절이었던 인상여(藺相如)가 목숨을 걸고 추진했던 외교담판에 대한 새로운 해석을 볼 수 있다. 인상여를 부러워하는 내용이 대다수를 차지하고 있지만, 대화적 해석을 통해 인상여의 행동에 대한 비판적인 해석도 내릴 수 있는 것이다. 타협이 되지 않았을 때, 목숨을 거는 행위는 용기가 아닌 만용이 될 수도 있고, 뉴스에서 자주 접하는 자살폭탄테러가 이와 크게 다르지 않다는 해석이 가능해진다. 어떤 입장에서 본다면 인상여는 영웅이지만, 또 다른 입장에서 본다면 인상여는 자살폭탄테러범과 동일선상에서 이해될 수도 있는 것이다.

영웅과 테러범이라는 해석, 매우 상반된 해석이지만 충분히 가능한 독해이고, 이것이 바로 해석의 변이체가 생성되는 과정이기도 하다. 고전 텍스트가 일방적인 교훈이나 지식을 전달하는 수단이 아니며, 독자와의 대화가 가능한 것이라면, 다르게 보고, 다르게 생각하고 판단하는 것은 자연스러운 결과이다.

배움은 현실적 맥락에 적용되었을 때 생명력을 얻는다. 현재의 내가 대화적 태도로 인문학 고전을 읽고, 이를 현재적 시점에서 재맥락화 함으로써 창조적 의미를 획득하는 것, 이는 결과적으로 고전 텍스트와 '지금, 여기'의 내가 창조적으로 소통하는 또 하나의 방식이 된다.

4. 소통, 그 치유의 길

'불통사회'로 진단된 우리 사회를 향한 처방은 진정한 소통이다. 소통은 개인과 사회, 공동체 등 인간 사회 도처에서 시급하고도 강력하게 요청되고 있다.

우리사회의 불통은 정치적 현실에서만 비롯되는 것은 아니다. 고전에 대한 오독과 오해 역시 커다란 의미에서의 '불통'이라 할 수 있다. 위에서 살펴본 것처럼 인간과 삶의 보편성을 이야기하고, 공감대를 얻으면서 지금까지 우리에게 전해지고 있는 인문학 고전 텍스트를 대화적 태도로 대하고, 대화적으로 해석하는 것은 인문학 고전에 대해 가지고 있던 편견과 고정관념, 오해를 학습자가 스스로 폐기하고 새롭게 이해하도록 돕고, 학습자의 사유와 인식의 폭을 확장시킨다. 결과적으로 소통의 범주와 가능성은 더욱 넓어지고, 많아진다. 또한 내면을 성찰함으로써 자기 자신과 소통하고 보다 성장할 수 있는 기회를 제공한다. 다양한 이야기를 담고 있는 인문학 고전은 때로 자극제의 역할, 때로는 거울을 역할을 하며 학습자가 스스로를 돌아보게 만든다. 이렇게 얻어진 성찰의 능력은 학습자를 더욱 성장하게 만든다. 더 나아가 학습자는 고전의 이야기들을 현재적으로 재맥락화되면서 현재적 유의미성을 발견하게 된다. 이는 사회적 존재로서의 인간, 관계적 존재로서의 인간의 처지와 본질을 깨닫게 하는 중요한 역할을 하게 한다. 고전 텍스트와 대화한다는 것, 대화적으로 해석한다는 것은 소통을 지향하는 적극적인 행위이다.

인문학 고전 읽기와 글쓰기는 자기가 가진 생각들에 대한 의심에서 시작하여, 고정관념과 선입견을 자발적으로 폐기하고, 스스로를 성찰하게 하며, 한 걸음 더 나아가 '공동체 속의 나'를 인식하게 한다. 이는 텍스트와의 소통, 자기 자신과의 소통, 사회적 소통을 가능하게 한다.

복잡다단한 사회 속에서 자기의 의견을 분명하게 전달하고, 상대방을 설득하는 능력은 지식의 습득만큼이나 중요하다. 상대방의 의견을 경청하고, 내 의견을 전달하는 것도 중요하지만, 상대방을 감정적으로 이해하고, 소통의 대상이 아닌, 인간으로서 이해하는 노력과 연습도 필요하다. 인간은 이성적인 존재인 동시에 감성적인 존재이기 때문이다. 인간을 인격과 존엄성을 가진 인간으로 이해하려는 노력은 인간과 삶에 대한 보편적 진리를 담고 있는 인문학 고전을 통해 배울 수 있다.

인간의 무늬인 인문(人文=人紋), 생각과 성장 배경, 환경이 서로 다른 개인이 모여 이루어진 사회, 인간과 사회가 만들어내는 인문(人文)은 변화무쌍하다. 하늘의 무늬인 '천문'을 통해 자연을 읽을 수 있다면, 인문을 통해서는 복잡다단한 인간세계의 단면을 이해할 수 있다. 인간 삶의 결을 설명하는 인문학(人紋學)은 사화된 화석이 아니라, 지금의 우리와 소통할 수 있는, 여전히 살아 있는 텍스트이다.

참고문헌

『論語集註』, 成百曉 譯註, 서울, 傳統文化硏究會, 2004

『孟子集註』, 成百曉 譯註, 서울, 傳統文化硏究會, 2003

『韓非子』(Ⅰ·Ⅱ), 韓非, 이운구 옮김, 파주, 한길사, 2008

『史記列傳』(上), 정범진 외 옮김, 서울, 까치, 2006

김기봉, 「'치유의 인문학'이란 무엇인가」, 『철학과 현실』(94), 2012

김석수, 「21세기 사회, '소통'인문학의 길을 찾아」, 『서강인문논총』(23), 2008

김우창, 「민주 사회에서의 인문과학의 의의」, 『통합인문학연구』(5-1), 2009

송미영 · 유영만, 「자아창조와 공적연대를 지향하는 폐기학습 모델에 관한 연구」, 『Andragogy Today : International Journal of Adult & Continuing Education』(11-3), 2008

서울대학교 인문대학 편, 『스무살, 인문학을 만나다』, 서울, 그린비, 2010

김석수 · 김교빈 · 신주백 · 이명원, 『한국 인문학의 자기성찰과 혁신』, 경제 · 인문사회연구회, 2008

리링, 황종원 옮김, 『논어, 세 번 찢다』, 파주, 글항아리, 2011

강원대학교 인문과학연구소, 『행복한 삶을 위한 인문치료학 2단계 보고서』, 강원대학교 인문과학연구소, 2013

※ 이 글은 다음의 논문을 수정 · 보완한 것이다. 유강하, 「인문학 고전의 대화적 해석과 소통 : "인문학 고전 읽기와 토론" 수업을 예로」, 『중어중문학』(54), 2013

중도장애환자 대상 인문치료
- 자아존중감과 소통 증진을 중심으로 -

유 건 상

1. 서론

1.1 연구의 필요성 및 목적

우리나라의 등록 장애인은 2010년 기준 251만 7천여 명으로 전체인구 대비 4.9%에 달한다. 보건복지부의 연도별 장애등록현황에 따르면, 장애 인구는 매년 증가추세에 있고 그 중 후천적 원인에 의한 중도장애인(中途障碍人)이 전체 장애인의 90%를 차지하고 있다. 장애인구가 매해 증가하는 이유는 인구의 고령화, 의료기술의 발달, 각종 산업재해 및 사고 등에 노출될 기회의 증가, 그리고 치료가 어려운 새로운 질병의 증가 등으로 인한 후천적 중도장애인이 증가하기 때문이다.

그러므로 중도장애인은 인생의 어느 시기까지는 비장애인으로 살아왔지만 어느 순간 사고나 질병 등에 의해 장애를 갖게 된 사람을 의미한다. 그들은 선천적 장애인과는 달리 장애인이 되기 전까지 비장애인으로 살아왔기 때문에, 자신의 장애를 수용하고 극복하는 과정에서 심한 스트레스와 우울증 등 정서적 어려움을 겪는다. 사고나 질병의 직접적 결과인 신체기능의 상실과 이에 대한 적응이라는 문제 외에도 장애를 갖기 전과 달라진 신체적 외관에 대한 부정적인 감정의 처리 및 장애의 수용 등과 관련한 각종의 심리적 문제들, 갑작스런 상황의 변화로 인해 야기되는 사회적 부적응과 직업의 상실 및 사회관계의 위축 등과 같은 사회적 문제들을 겪는다(이경희, 1995: 9-19). 이후로도 인간관계, 성격, 미래관, 자신감, 결혼생활 등에서도 급격한 변화를 겪게 된다. 특히 독립성이 상실된 중도장애인은 타인에 대한 의존성이 강하고 종종 우울, 자기 비난, 자기 증오, 무동기화, 억압된 행동 등과 같은 심리적 무기감에 직면하기도 한다(한혜숙 외, 2002: 554). 이러한 점들을 고려할 때, 중도장애인에게 정서문제는 신체적 질병 못지않게 치료에서 반드시 다루어야 할 중요한 부분이다. 그 해결책의 하나로 정서적 지지와 관심을 들 수 있다. 그들에게 지지와 관심을 표명하고 계속해서 정서적 안정을 위한 활동을 유도함으로써 기능적인 면뿐 아니라 전체적인 삶의 질을 향상시킬 수 있을 것이다. 그러나 우리의 현실은 이를 충족시키기에 부족함이 많다. 사회복지서비스기관에서 실시하고 있는 심리재활 서비스 프로그램도 주로 장애아동, 청소년, 정신지체인 등 선천적 장애인들을 대상으로 하고 있어 성인중도장애인을 위한 프로그램은 거의 찾아보기 힘들다. 게다가 그들의 정서문제를 돕는 서비스의 도입을 위한 기초적 연구도 부족한 실정이다.

본 연구는 뇌출혈의 후유증으로 오른쪽 편마비와 언어장애를 겪고 있는 성인 중도장애환자 A(50)에 대한 인문치료 임상사례이다. A는 갑작스런 장애로 인한 자신감과 자아존중감 상실로 무기력하고 우울한 상태이다. 그녀는 자녀들과 모친 등 가족 이외의 타인과의 소통 혹은 관계 맺기에 무관심하다. 구체적인 치료방법은 A에게 시와 미술을 활용한 인문치료를 실시하여 심리적 부담감과 위축된 자아를 보살펴주고, 자신감을 북돋아줌으로써 자아존중감을 향상시키고 자신과의 소통, 더 나아가 사회와의 소통 혹은 관계 맺기 의지를 증진시키는 것이다. 시를 읽거나 쓰고 그림을 그리는 과정을 통해 자신의 내적 상처에 대해 표현하도록 유도하고 억눌려 있던 갈등이나 분노 등을 분출시켜 문제의 진행을 예방하는 것이다. 따라서 본 연구는 A의 자아존중감과 소통증진에 초점을 맞춘 인문치료를 진행함으로써 그 방법을 모색해 보고, 인문치료의 중도장애환자에 대한 임상사례가 미흡한 임상현장에 기초자료를 제공함으로써 인문치료의 활용가능성을 살펴봄에 그 목적이 있다.

1.2 연구 문제

본 연구는 중도장애환자의 자아 존중감과 소통 증진에 인문치료가 효과가 있는지를 고찰하기 위해, 치료적 시 읽기 및 쓰기와 미술활동을 주 매체로 사용한 통합적 인문치료로 접근한다. 이에 따른 구체적인 연구문제는 다음과 같다.

첫째, 인문치료는 중도장애환자의 회기별 자기표현 향상에 효과적인가?

둘째, 인문치료는 중도장애환자의 자아 존중감과 소통 의지 증진에 효과적인가?

1.3 용어설명

1.3.1 인문치료

현대인은 복잡다단한 사회 속에서 정서적으로 충만한 삶을 살아갈 여유를 점차 잃어가고 있다. 게다가 물질 만능주의와 개인주의의 팽배로 인한 사회적 갈등과 소외, 가정의 해체 등 여러 가지 사회적 병리현상들은 우리의 삶을 더욱 피폐하게 만든다. 사회 전반적인 문제들 외에도 개인적인 실패와 좌절, 실연, 사별 등도 우리를 정신적 위기로 내몬다. 이러한 현대인의 정신적 위기를 극복하기 위한 일환 중의 하나가 바로 인간 삶의 가치와 의미를 탐구하는 인문학의 여러 분야, 즉 문학, 철학, 역사, 어학, 예술 등의 통합적 활동을 통한 인문치료이다. 다시 말해 인문치료란 정서적 · 정신적 문제들로 고통 받고 있거나 혹은 그러한 고통에 노출될 가능성이 있는 개인이나 집단에게 인문학적 방법을 활용해 자아통찰과 인식론적 변화를 유도함으로써 정서적 · 정신적 건강을 확보하게 하는 통합적 위기 극복과정이다(강원대학교 인문과학연구소, 2009: 20-22).

1.3.2 자아존중감

로젠버그(M. Rosenburg)는 자아존중감의 개념을 자신에 대한 긍정적인 혹은 부정적인 개인적 평가이며, 자신의 능력, 중요성, 성공, 가치 등에 대해 스스로 어느 정도 믿고 있는지를 말하는 것이라고 정의한다. 즉, 자아존중감이란 자기 자신에 대한 개인적인 평가로서 긍정적이거나 부정적인 태도로 표현되며, 자신의 능력과 가치 등에 대해 어느 정도 신뢰하고 있는지를 나타낸다. 따라서 자아존중감이 높은 사람일수록 자신에 대해 긍정적이고, 자신이 가치 있고 보람 있는 삶을 영위한다고 믿으며, 자신감 있게 행동한다. 반면에 자아존중감이 낮은 사람은 자신의 가치에 대해 회의적이고 자신을 무가치한 인물로 보며, 종종 불안을 느끼고 우울해하며 불행하게 느낀다. 자신에 대해 확신을 갖지 못하므로 행동도 불안정하고 소극적이다.

1.3.3 자기표현과 소통/관계 맺기

인간은 필연적으로 타인과 관계를 맺으며 살아가며, 그 관계를 더욱 의미 있고 만족스러우며 기능적으로 하기 위한 방법 중의 하나가 바로 소통이다. 소통(疏通, communication)의 사전적 의미는 '가지고 있는 생각이나 뜻을 같이 나누다'이다. 다시 말해 소통이란 '뜻이 막히지 아니하고 잘 통하여 서로 오해가 없음'을 일컫는다. 여기서 우리는 소통이 기본적으로 '혼자가 아닌 다수와 깊은 관계가 있다'는 사실을 추론할 수 있다(강원대학교 인문과학연구소, 2009: 157). 인간이 자기를 표현하고 소통하기 위한 중요한 도구는 언어와 비언어로, 이를 통한 "자기표현은 건강한 삶을 위한 필수요

건으로, 정신적 혹은 육체적 병은 자신의 중요한 면들을 표현하지 않거나 숨김으로써 나타난 결과"라는 저라드(Sidney M. Jourard)의 주장이나, "자신의 생각, 감정, 행동을 과도하게 억제하는 것은 크고 작은 질병에 걸릴 위험에 자신을 방치하는 것이다"(1997: 2)라는 페니베이커(James W. Pennebaker)의 언급은 자기표현과 건강 사이의 상관관계를 강조한다. 타인과 소통을 잘하는 사람은 건강을 유지하면서 행복한 삶을 살 수 있지만 사회적으로 고립된 이들은 스트레스, 질병에 시달리거나 일찍 죽음을 맞이하는 경우가 많다는 이경우 · 김경희의 연구결과도 이를 뒷받침한다(2006: 19).

자기표현의 필요성은 자기표현의 기능에서도 찾아볼 수 있다. 첫째, 자기표현은 자신의 권리를 지키는데 중요한 기능을 한다. 자기표현을 제대로 하지 못하는 사람은 자기 권리를 침범당해도 그것을 주장하지 못하고 침해받는 생활을 지속하기 때문이다. 둘째, 자기표현은 정신건강 측면에서 중요하다. 표현되지 않은 정신 에너지는 억압의 형태로 우리의 내부에 잠재된다. 우리는 이를 유지하느라 긴장하게 되고, 그 긴장은 에너지의 지나친 소모를 가져와 심리적 손상 및 정신 · 신체 질환을 초래할 수도 있기 때문이다(Adler, 2009: 41-45). 셋째, 자기표현은 적극적이고 건강한 관계 맺기 혹은 소통을 위해서 필수적이다. 자기표현이 억압되어 누적되면 공격적이고 폭발적인 행동을 하기 쉬운데 이러한 행동은 관계 맺기나 소통에 어려움을 가져올 수밖에 없기 때문이다. 따라서 건강한 인간은 적절하고 만족스런 자기표현과 소통을 할 수 있는 사람이라고 할 수 있다.

2. 연구방법

2.1 연구대상

본 연구의 대상은 B시에 소재한 모(某)재활병원에 입원중인 중도장애환자 A이다. 그녀는 뇌출혈의 후유증으로 우측 편마비와 언어장애를 겪고 있는 중년여성으로 연구자가 이 병원에 입원중인 중·장년의 중도장애환자들을 대상으로 한 "자아존중감과 소통 증진을 위한 인문치료"에 참여한 환자 6명 중의 한명이다. A를 연구대상으로 선정한 이유는 사전 검사 결과 그녀가 심리적으로 위축되어 있었으며, 동료 내담자들 중에서 자아존중감이 제일 낮았기 때문이다. 게다가 사회복지사와의 사전 미팅에서 그녀가 남편과 별거 중이며, 발병과 별거로 인한 상처로 자신감을 잃고 매우 우울한 상황이어서 정서적 지지를 필요로 한다는 정보를 접했기 때문이다. 연구대상 A의 개요는 〈표 1〉과 같다.

〈표 1〉 연구대상 A의 개요

연령 및 성별	50세 (여, 전업주부)
가족관계	10년째 남편과 별거 중이며, 2명의 자녀들과 생활
전반적 특성	- 대졸, 10여 년간 직장생활 - 내성적이고 차분한 성격으로, 말은 없으나 남의 말을 잘 들어주는 편 - 처음 만나는 타인과 시선 맞추기를 꺼려함
주 호소 문제	- 별거와 발병으로 인해 자신감과 자아존중감이 하락하고 타인과의 소통에 관심 없음, 의욕상실

2.2 연구도구 및 자료 분석방법

2.2.1 사회원자 투사검사(Social Atom Projective Test)

사회원자 투사검사는 모레노(J. L. Moreno, 1936) 박사가 개발한 Moreno Social Atom Projective Test(MSAPT)를 사용하였다. 사회원자란 기본적으로 사회 속의 개개인을 칭하는 개념으로, 이 측정법은 개인이 타인과의 관계 속에 자신을 탐색할 수 있는 탐색기법이면서 그 자체로 하나의 치료도구가 되기도 한다. 측정방법은 △은 남성, ○는 여성(사망한 경우는 △와 ○를 점선으로 표시), ㅁ는 무생물(단체, 대규모 집단, 애완동물 등), —은 상호간의 끌림, ……은 상호간의 거부, 그리고 -·-·-·는 상호간의 무관심을 나타낸다. 도형의 크기는 중요도를 나타내며, 크기가 클수록 관계 속에서 긍정적이든 부정적이든 비중 있는 인물임을 의미한다. 거리는 친밀도를 나타내며, 거리가 가까울수록 친밀도가 높다고 볼 수 있다. 이 외에도 내담자 자신이 사회원자 어디에 어느 크기로 위치하는지, 생략된 관계, 지우거나 수정, 또는 여러 번 그린 선이 있는지를 확인할 필요가 있다(오수진, 2012: 132-133).

2.2.2 자아존중감 척도(Self-Esteem Scale)

자아존중감 척도는 로젠버그가 개발하고, 전병재가 번역한 Rosenberg Self-Esteem Scale(RSES)을 사용하였다. 이 도구는 총 10문항으로, 총체적인 자아존중감을 측정하는데 권장할 만한 도구로 알려져 있다. RSES의 점수범위는 10점에서 40점까지로 각 문항 당 점수체계는 5점 척도이지만 4점 척도로 변형하여 사용하였다. 점수는 '대체로 그렇지 않다(1점),' '보통이다(2점),' '대체로 그렇다(3점),' '항상 그렇다(4점)'이다. 부정적 문항은 역점으로 처리하여 점수가 높을수록 자아존중감이 높은 것을 의미한다.

2.3 연구절차

본 연구는 B시에 소재한 모(某)병원에서 2012년 11월 23일부터 2013년 1월 25일까지 회기마다 1시간, 주 1회로 총 10회 실시하였다. 본 연구의 절차는 〈표 2〉와 같다.

〈표 2〉 연구절차

절 차	일 시
사전검사	2012년 11월 23일
인문치료 프로그램	2012년 11월 30일 - 2013월 1월 18일
사후검사	2013년 1월 25일

2.4 인문치료 프로그램

본 프로그램을 구성함에 있어 가장 유념하였던 것은 내담자들의 연령대와 육체적 움직임의 가능 정도였다. 우선, 내용면에서 내담자들이 중 · 장년의 장애환자들이다 보니 읽기는 가능하나 쓰기와 그리기가 어려운 경우, 그리기나 쓰기는 가능하나 말하기가 어려운 경우도 있어 읽기와 쓰기, 말하기와 그리기를 적절히 안배하여 프로그램을 구성하였다. 시의 선정도 내담자들의 상황과 유사하되 긍정적인 결말을 지닌 것들로 하였다. 우울한 환자들은 희망적이고 낙관적인 주제를 지니되, 슬프고 우울한 분위기의 시에 도움을 받기 때문이다. 그러한 시는 환자들로 하여금 그들이 혼자가 아니며 타인들도 자신처럼 슬퍼하고, 또 슬퍼하다가 회복되기도 하며, 이러한 감정의 변화가 부끄러운 것이 아니라는 것을 알게 한다(Leedy, 1985: 82). 재료 면에서는 위험하거나 빠르고 섬세한 손동작을 요구하는 것보다는 따듯한 느낌을 주고 유년시절을 회상하는 매개가 될 수 있는 크레파스나 클레이 등의 손쉽게 손동작을 유도할 수 있는 재료를 사용하였다. 미술을 활용한 이유는 미술이나 음악이 시/글쓰기와 결부되면 더욱 좋은 효과를 얻을 수 있을 뿐 아니라, 그것이 장애인들에게 자신의 몸이나 세계에 대한 혼란스러운 느낌을 '상세하게 나타내는' 방법을 마련해주기 때문이다. 이를 통해 장애에 대한 자신의 감정을 이해할 수 있게 된다(Rubin, 2006 344). 마지막으로 주제 면에서는 지나간 삶 회고하기나 소중한 사람에게 편지쓰기 등을 선택했다. 중·장년층 대상 프로그램에서는 이야기하기와 회상하기, 편지쓰기 기법 등이 효과가 있기 대문이다(Reiter, 1994: 144). 시, 노랫말, 일기 등 글로 된 표현들은 치료과정에 극히 중요한 자료를 제공한다. 자신의 목소리를 발견하는 것은 자아 확립의 과정이며, 종종 더 커다란 자아 이해와 새로운 통찰을 가져오기 때문이다.

본 프로그램은 연구의 목적과 가설에 맞추어 단계별 목표를 다음과 같이 설정하였다. 초기(신뢰형성 단계)는 관계형성과 친밀감 형성기로, 연구자와 내담자간, 내담자와 내담자간의 상호작용과 자연스러운 활동의 유도로 자발적인 참여를 하게 했다. 중기(자기 이해 및 통찰 단계)는 적극적인 자기표현 단계로, 이를 통해 자기 탐색과 현실수용 및 긍정적 사고 확립의 기회를 가지게 하였다. 종결기(새 방향 설정단계)는 자신감 획득 단계로, 긍정적 경험을 통해 자아존중감과 소통 능력을 증진하고 행복한 미래를 계획함을 목표로 하였다. 프로그램의 구성은 다음과 같다.

〈표 3〉 시와 미술을 이용한 인문치료 프로그램

단계	회기	회기별 목표	주요활동 내용	재료
신뢰형성단계	1	프로그램 소개 및 사전검사	- 소개와 소망, 현재의 느낌 나누기 - 사전검사	- Social Atom - 자아존중감 측정검사지
	2	긴장해소와 친밀감 형성	- 클레이 작업 - 협동화 그리기와 나눔	- 4절지, 클레이 - 채색도구, 풀, 가위 - 명상음악CD
자기이해 및 통찰단계	3	의미 있던 시기를 추억하고 현재를 되돌아보기	- 내 삶의 파노라마 그리기 - 시 쓰기	- 8절지, 채색도구 - 활동지, 명상음악CD
	4	자기 탐색을 위한 문제표출	- 모음호흡법 - 내가 보는 내 모습, 남이 보는 내 모습 구체적으로 적어보기	- 명상음악 CD - 활동지
	5	자기 직면을 위한 시 쓰기	- 내 감정 알아차리기 - 윤동주의 시 감상 및 나눔 - 〈자화상〉 쓰기	- 감정카드 - 윤동주, 〈자화상〉 - 활동지, 명상음악CD

	6	가족/친척 관계에서 내 모습 통찰하기	- 윤석구의 시 감상 및 나눔 - 손바닥 그리기와 편지쓰기	- 윤석구, 〈만나면 행복해지는 사람〉 - 도화지, 활동지, 필기도구
	7	나의 장점 키우기	- 시련을 극복한 작가의 글을 읽고 감상 나누기 - 내가 가진 감사한 것들 찾아보기와 꼴라주	- 장영희, 〈살아온 기적, 살아갈 기적〉 - 도화지, 잡지/신문, 풀, 가위
	8	긍정적 사고방식으로 살아가기	- 이해인의 시 감상 및 나눔 - 용서하기와 걱정 날려버리기 - 시쓰기	- 이해인, 〈미루지 않고 사랑하는 일〉 - A4용지, 필기도구
새방향설정단계	9	나의 미래 그려보기	- 김재진의 시 감상 및 나눔 - 나의 꿈 명상하기 - 꼴라주와 시쓰기	- 김재진, 〈한번쯤 다시 살아 볼 수 있다면〉 - 도화지, 잡지/신문, 풀, 가위
	10	마무리 및 사후평가	- 회기를 마친 소감 나눔 - 사후검사	- 활동지 - Social Atom - 자아존중감 측정검사지

3. 연구결과

3.1 회기별 변화 및 결과물 분석

3.1.1 초기단계 : 1-2회기

초기단계에서는 연구자와 내담자, 내담자와 내담자들과의 친밀감 형성을 위해 소개와 소망, 현재의 느낌 나누기, 닉네임 짓기, 클레이 작업과 협동화 만들기를 하였다. 이 단계에서 의미 있었던 회기는 닉네임 짓기와 협동화 만들기였다. 닉네임은 자신의 특징이나 정체성을 가장 잘 나타낼 수 있는 상징으로, A는 닉네임을 '스프링'으로 정했다. 그녀는 영어 'spring'이라는 단어가 의미하는 "용수철, 봄, 샘" 등이 마음에 들고, 앞으로의 자신의 삶이 그처럼 활기차고 언제나 봄 같았으면 좋겠다고 하였다. 그녀는 나눔을 유도하면 말은 차분하게 하였지만 먼저 나서는 법이 없고 수동적인 태도를 취했다. 나눔을 할 때도 연구자와 시선이 마주치면 피했다.

협동화는 편안한 자세로 눈을 감고 음악을 감상하면서 시작하였다. 클레이를 손에 쥐고 마음대로 주물러보며 명상하며 떠오른 이미지를 클레이로 만든 후 나눔한다. 각자의 클레이를 동료들과 상의하여 도화지에 배치하고 필요하다고 생각되는 것을 그리거나 만들어 협동화를 완성하였다. A는 꽃 모양의 오목한 질그릇과 받침을 만들었다(그림 1). 오목한 그릇은 여성성에 상응하므로(프로이드, 2003: 420), 그녀의 텅 빈 내면의 상징으로 보아도 무방할 것이다. 한 동료가 그 질그릇 위에 본인이 만든 감자를 넣었다. A는 동료들이 클레이를 배치하는 동안 가만히 보고 있다가, 빨간색으로 둥근 그릇과 긴 형태의 접시를 만들었다. 다른 동료들이 거기에 국수를 만들어 넣었다. 그러자 늘 수동적이던 A가 배도 있고 등대도 있는 바닷가니까 파도를 그려 넣자고 처음으로 제안하였고 모두들 동의하였다. 협동화의 제목은 모두의 동의하에 "바닷가에서 1박 후 아침"으로 지었다(그림 2).

〈그림 1〉

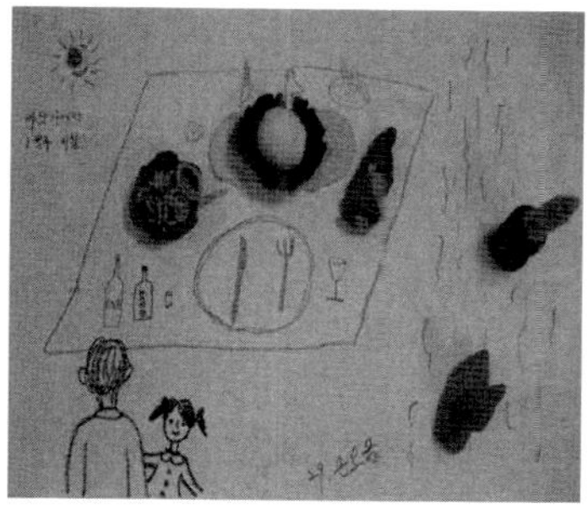

〈그림 2〉

3.1.2 중기단계 : 3-8회기

중기단계에서는 내담자의 감정이 표출된 작품을 통해 내면을 탐색함으로써 자신을 인식하고 현실수용 및 긍정적 사고를 확립하는 데 주력하였다. 내담자들이 대체로 시에 대한 접근을 어려워하므로 연구자와 내담자간의 신뢰가 형성된 이 시점부터 시를 도입하였다. 이 단계에서는 삶의 파노라마 그리기와 시 쓰기, 내가 보는 내 모습과 남이 보는 내 모습 적어보기, 자화상 쓰기, 손바닥 그리기와 편지쓰기, 감사한 것들 적어보기, 용서하기와 걱정 던져버리기를 하였다. 중기 단계에서 의미 있었던 회기는 내가 보는 내 모습과 남이 보는 내 모습 적어보기, 손바닥 그리기와 편지쓰기, 감사한 것들 적어보기, 용서하기와 걱정 날려버리기였다.

내가 보는 내 모습과 남이 보는 내 모습 적어보기는 자기 탐색을 위한 문제를 표출하고자 진행되었다. A는 남이 보는 자신의 모습을 "천사"라고 적었다. 그녀는 지인들에게 종종 천사라는 말을 듣는데, 그 이유는 "자신의 이야기를 하기보다는 남의 말과 요구를 잘 들어주기 때문"이고 그것이 여자로서, 또 엄마로서 당연하다고 여겼단다. 그녀가 보는 자신의 모습은 "생각이 많고 우울하지만 티 내지 않고 참고 견디는 사람"이다. 그러나 이제는 "나를 사랑하고 보다 적극적이고 긍정적으로 살기 원한다. 시간과 기회는 다시 오지 않으니까 행복하고 싶다"라고 적음으로써 인내하고 참아왔던 이전의 모습에 마침표를 찍고 새로운 삶을 시작하고 싶다는 소망을 드러냈다.

손바닥 그리기와 편지쓰기는 가족의 소중함을 인식하고 가족관계에서 내 모습 통찰하기를 목표로 하였으며, 윤석구의 「만나면 행복해지는 사람」을 활용하였다. 진행은 명상 음악을 들으며 시를 천천히 한 번씩 낭송한 후, 이 시에서처럼 자신이 누군가에게 아무 때나 만나도 그/그녀를 행복하게 해주는 사람이라고 생각하는지 혹은 본인에게 그런 사람이 있는지 나눔을 하고 도화지에 손바닥을 펼쳐 그대로 그린 후, 각 손가락마다 힘이 들 때 도움을 청할 누군가가 연상되는지 쓰고, 그 중 한 사람에게 편지쓰기로 이루어졌다. A는 엄지손가락부터 어머니, 딸, 친구, 아들, 동생 순으로 적었으며(그림 3), 그 중 딸에게 편지를 썼다. 다음은 편지의 일부이다.

> 엄마가 무슨 일을 하든
> 어떠한 모습이든
> 다 이해해 주고 격려해 주는 딸.

요즈음은 네가 엄마 같구나.
엄마는 아픈 것도 다 이길 수 있어...
네가 있으니까.

이제 봄이 오면 우리도 여행을 떠나보자.
네가 좋아하는 산도 보고 바다도 보고.

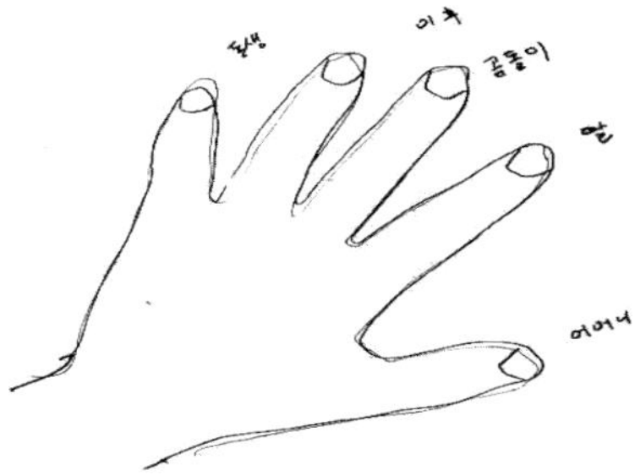

〈그림 3〉

직장생활과 엄마 간병으로 힘들어도 내색하지 않고 항상 엄마의 상황을 이해하고 격려해주는 딸에 대한 고마움과 미안함이 잘 드러나는 대목이다.

시련을 극복한 작가의 글을 읽고 내가 가진 감사한 것들을 시로 써서 콜라주로 장식하기는 장영희의 「살아온 기적, 살아갈 기적」을 활용하였다. 에세이를 읽고 나눔을 하였는데 "나도 이겨낼 수 있을지...착잡하다, 미래를 생각하게 한다, 할 수 있다는 느낌을 수 있다는 의지가 중요해 보인다." 등의 반응이 나왔다. A는 나눔 시 아무 말도 하지 않았지만, 다음과 같은 시를 낭송하여 동료들로부터 격려의 박수를 받았다.

- 초 대 -

20**년 뇌출혈로 입원을 했다.
… (중략) …
실어증으로 기억도 나지 않았지만
현재 나의 상태는 호전되었다.

지금 나는
제 2의 인생을 산다.

꿈과 열정으로
다시 소녀 같은 마음으로
긍정의 기적을 꿈꾸며
나의 인생을 초대한다.

새로운 삶으로의 초대라는 이 시의 내용은 그녀의 긍정적 변화를 시사한다. 그녀는 이 글을 새 봄(Spring)을 맞이하는 그림, 맛있는 음식 먹으며 세계여행 하는 그림 등으로 장식하였다. 프로그램이 끝난 후, 그녀는 프로그램 시작 전에 안 좋은 전화를 받아 우울했는데 회기에 참여하다 보니 모든 것은 생각하기 나름인 것 같다는 생각이 들었다고 하였다. 이제 그녀는 연구자에게 먼저 말을 걸기도 하고, 시선을 맞추며 미소를 건네기도 한다.

용서하기와 걱정 날려버리기는 긍정적인 사고방식을 유도하는 시간으로 이해인의 「미루지 않고 사랑하는 일」을 활용하였다. 상담자가 시를 한 번 낭송해주고 나서 모두 함께 큰 소리로 낭송한 후, 현재나 올해 잊었으면 하는 걱정거리나 혹은 용서하고 싶은 사람/것이 있다면 이를 적어 나눔 후 날려버리기를 하였다. A는 할 이야기가 많은 듯 쉬지 않고 써내려갔다: "결혼 후, 남편과의 불화로 20여 년을 힘겹게 지냈다. 가정을 지키기 위해 온갖 노력을 기울였지만... 발병 이후, 난 남편과 시댁에 대해 잊었다. 미움도 사랑도 아무것도 남지 않았다. 이젠 보내야지. 나를 위해 살아야지. 걱정도 근심도 다 떠나보내야지. 생각하면 미칠 것 같은 과거사 사람들..." A는 낭송 후, 오늘은 사적인 이야기가 하고 싶다며 처음으로 자신의 이야기를 차분하게 털어 놓았다. 자녀들은 엄마의 상황을 전적으로 이해하고 있으며, 현재 이혼을 고려중이라고 하였다. 이어 "용서하기," "잊어버리기," "걱정 날려버리기"란 주제로 시 쓰기를 하였는데 아래는 시의 일부이다.

- 상흔 그리고 버리기 -

내 나이 쉰,
긴 한숨
하나를 펴낸다.
… (중략) …

그리고
새로운 사랑을 꿈꾼다.

새로운
나만의 사랑
주님! 나를 용서하소서...

나눔 시 동료들은 A가 잘못한 게 없으니, 주님은 용서하실 게 없을 거라고 격려하였다. 그간의 어려움을 다 이해하고 포용하며 사랑하실 것이라고 지지하였다. A는 오늘 읽은 이해인의 시가 좋다며 남은 복사물을 같은 병실 환자들에게 주겠다고 하면서, 이전에는 대인관계에 소극적이고 관심도 없었지만 이제는 먼저 다가가고 싶다고 하였다. 이제는 집밖의 세상으로 나가 사람들과 교류하며 살고 싶다고 하였다. 세상을 향한 관심과 타인과의 교류에 대한 긍정적인 변화가 선명하게 감지되는 언급이다.

3.1.3 종결단계 : 9-10회기

종결단계는 수용단계로 나의 미래를 그려보고자 현시점에서 나의 꿈을 콜라주와 시로 표현하기, 그리고 "인문치료를 마치며"란 글쓰기를 하였다. 나의 미래 그려보기는 김재진의 「한번쯤 다시 살아 볼 수 있다면」을 감상한 후, 어린 시절의 꿈 나누기로 진행되었다. A는 법관이 꿈이었으나 이루지는 못하였고, 자녀를 낳은 후 전업주부가 되었으며 몸이 어느 정도 회복되면 대학원에 진학해 공부도 계속하고 싶고 카페도 내고 싶다고 하였다. 자신이 꿈꾸는 미래의 모습을 시로 쓴 후 이를 콜라주로 장식하였는데, 아래는 A가 쓴 시의 일부와 콜라주(그림 4)이다.

- 소중함 -

작은 것
평범한 것

그런 것을
사랑한다.

작은 풀꽃
끈질긴
생명

그런 것을
사랑한다.

〈그림 4〉

가로등 아래의 여인은 과거를 회상하고 있는 미래의 A다. 미래의 자신은 이 시의 내용처럼 인생에 대해 생각하고, 사소하고 작은 것의 가치를 알고 소중히 여기는 사람이다. 콜라주에 나오는 멋진 풍경을 찾아 여행도 다니고, 콜라주 속의 카페 같은 자신만의 카페도 차리고 살 것이다.

회기 마지막 날, "인문치료를 마치며"란 제목으로 소감 및 앞으로의 각오에 대한 글쓰기를 했다. A는 "인문치료를 통해 정서적 안정과 나 자신에 대한 용서, 그리고 화해를 했다. 많은 위로와 격려를 통해 나도 치유를 받았고 다른 이들을 배려하는 법을 배웠다. 무엇보다 내가 내 삶의 주인공이라는 사실을 알게 되어 너무 기쁘다"라고 적었다. 그녀는 "처음에는 이게 무슨 치료가 될까 싶었는데, 점차 많은 위안을 받았다. 전에는 내 몸을 귀히 여기지 않아 병도 걸렸지만 이제는 내가 가장 소중하다는 것을 안다. 앞으로 그동안 배우고 느꼈던 소중한 감정들을 잃지 않고 나의 삶에 적용하고 보다 긍정적으로, 적극적으로 삶에 임하고 싶다. 공부도 더 하고 싶고, 재활운동도 열심히 해서 카페도 내겠다"고 하였다.

3.2 사전·사후검사 결과 및 분석

3.2.1 사회원자 투사검사(MSAPT)

사회원자 투사검사는 내담자가 나타내지 않은 사회속의 자신을 시각적으로 파악하고 피드백의 자료로 활용하기 위하여 실시하였으며, A의 인문치료 전과 후의 변화를 비교한 결과는 〈표 4〉와 같다.

사전검사 시, A는 어색한 듯 머뭇거리다 동료들이 먼저 시작하자 따라 그리기 시작했다. 그녀는 여러 번 지우고 쓰기를 반복하며 사회원자를 완성하였다. 전체적으로 상단 약간 우측에 위치시킴으로써 그녀의 정서적 불안을 나타냈다. 도형은 가장 커다란 순서로 본인, 딸, 아들을 완전히 겹치게 묘사하고, 여동생과 애완견 그리고 모친을 본인과 거의 겹치게 묘사함으로써 가족 구성원—특히 본인과 딸, 아들—과의 친밀도와 중요도를 표현했으나, 지나친 애착관계로 보이며 부담감 또한 큰 것으로 보인다. 나눔 시, 한 동료 내담자가 남편은 어디 있느냐고 물었고 그녀는 말도 하기 싫은 듯이 고개를 저으며 강한 거부감을 나타냈다.

사후검사 시, A는 익숙한 듯 진지하게 그리기 시작했다. 지우거나 덧칠도 하지 않았으며, 정중앙에 사회원자를 위치시킴으로써 정서적 안정을 나타냈다. 먼저 본인을 중앙에 그린 후 본인을 중심으로 우측 상단부터 아들, 딸, 엄마, 여동생, 친구를 비슷한 크기로 묘사하였다. 사전과는 달리 인물들 사이의 겹침이 없어지고 엄마와 여동생, 친구의 크기가 커졌으며, 그들과의 거리를 상호간의 끌림을 나타내는 긴 실선(—)으로 묘사함으로써 혈연과의 지나친 애착이나 부담감에서 벗어난 것으로 보인다. 그녀는 본인과 좋은 관계에 있는 사람만 묘사했다고 말함으로써 아직 남편과의 관계를 확실히 정리하지 못한 것 같지만 정서적으로 안정되어 보인다.

이처럼 A의 동적 사회원자 투사검사 결과, 자녀와 만의 애착관계에서 탈피하고 주변과의 건강한 인간관계가 증진되는 등 인문치료가 중도장애환자의 자기표현과 자신감 회복에 유의미한 효과를 내었고, 그 결과 자아존중감과 소통의지 증진에도 긍정적인 효과를 미쳤음을 알 수 있다.

〈표 4〉 사회원자 사전 · 사후 그림검사 비교

	사전	사후
A의 그림	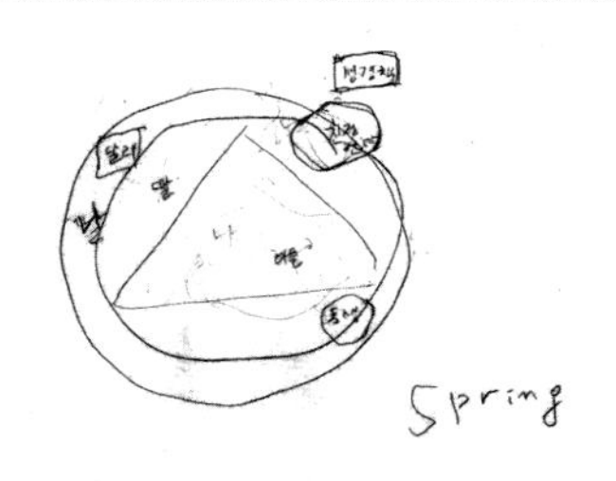	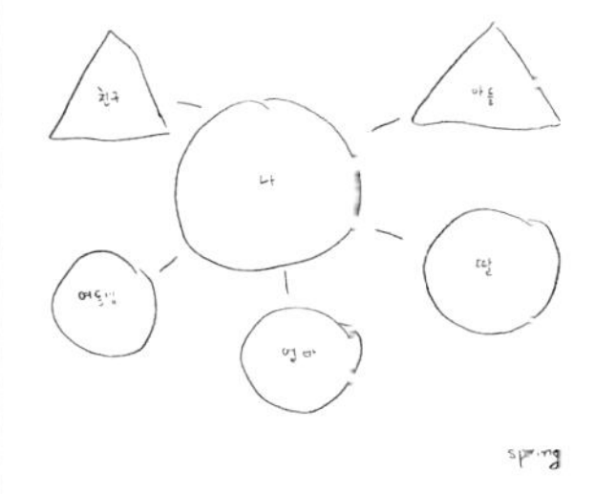
분석	본인과 딸, 아들 등 가족 구성원들의 비중이 상당히 높고 친밀하게 느끼고는 있으나, 지나친 애착관계로 보이며 부담감 또한 큰 것으로 보인다.	자신의 위치를 여전히 중심에 놓았지만 크기가 비슷해지고 겹침이 없어짐으로써 지나친 애착이나 부담감에서 벗어난 것으로 보인다.

3.2.2 자아존중감 척도(RSES)

인문치료가 A의 자아존중감에 어떠한 효과를 미쳤는지 알아보기 위해 실시한 자아존중감 측정검사의 사전·사후 점수 차는 〈표 5〉와 같다. 총 40점 중 A의 사전검사 결과는 23, 사후검사 결과는 31로, +8의 유의미한 변화를 보였다.

〈표 5〉 A의 자아존중감 척도 점수

구 분	사 전	사 후	검사 결과
자아존중감 측정검사 점수	23	31	8점 증가

A가 10개의 문항 중 점수 차를 보인 항목은 1)나는 내가 다른 사람들처럼 가치 있는 사람이라고 생각한다, 2)나는 좋은 성품을 가졌다고 생각한다, 3)나는 대체적으로 성공한 사람이라는 느낌이 든다, 4)나는 대부분의 사람들과 같이 일을 잘 할 수가 없다, 5)나는 자랑할 것이 별로 없다, 6)나는 내 자신에 대해 긍정적인 태도를 가지고 있다, 7)나는 내 자신에 대해 대체로 만족한다, 8)나는 나 자신을 좀 더 존경할 수 있었으면 좋겠다 등 8개의 부분이다. A는 사전검사에서 대체로 그렇다는 사후검사에서 항상 그렇다로, 보통이다는 대체로 그렇다로, 대체로 그렇지 않다는 보통이다로 1점씩(말하자면 한 단계씩) 점수가 높아졌다. 사전검사의 대체로 그렇지 않다가 사후검사에서 항상 그렇다는 식으로 획기적 점수 차를 보이지는 않았지만, 10개 항목 중에 8개 항목이 한 단계씩 고른 상승을 함으로써 정서적으로 안정된 변화를 보여주었다. 다시 말해 A

는 자아존중감을 회복함으로써 본인에 대한 부정적인 평가가 긍정적으로 바뀌었다고 볼 수 있다. 이는 시와 미술을 활용한 인문치료가 A의 자아존중감 증진에 긍정적인 영향을 미쳤음을 시사한다.

3.3.3 태도 및 글쓰기 내용의 변화

2012년 11월에 처음 연구자가 A를 만났을 때, 그녀는 담담한 표정에 시선 맞추기를 피하였다. 말을 걸면 대답은 했지만 먼저 말을 걸지도 대인관계에 관심을 보이지도 않았다. 회기가 끝났을 때의 A는 여전히 소극적이었지만 시선이 마주치면 미소를 지었고, 먼저 말을 걸기도 했으며 무엇보다 눈에 뜨게 표정이 밝아졌다. 그녀의 시나 글도 긍정적으로 변하였다. 본 글에서 소개하지는 않았지만 그녀는 5회기에서 쓴 시 「자화상」에서 자신을 "겨울처럼 한 여자가 서 있다," "그 여자가 밉다"고 묘사하였다. 겨울처럼 서 있던 황량한 내면의 "미운" 여자는, 7회기에 "제2의 인생을 사는" 여자로, 8회기에는 "새로운 사랑을 꿈꾸는" 여자로, 9회기에는 "작은 것의 소중함도 알고... 사랑하는" 여자로, 마지막으로 10회기에서는 "내가 내 삶의 주인공이라는 사실을 알게 되어 기쁜" 여자로 변모하였다. 말하자면 그녀는 추운 겨울 속에 홀로 선, 텅 빈 내면의 여인에서 자아를 찾고 내면이 기쁨으로 충만한 여인으로 변모한 셈이다. 이는 A가 치료적 시 읽기와 쓰기, 그리고 미술 활동에 참여하여 긍정적이고 창조적인 노력에 개입되는 동안 감정배출을 하고 자기 탐색과 통찰을 거쳐 자아존중감과 소통 의지가 향상된 결과라고 보아도 타당할 것이다.

4. 결론

우리가 삶의 중간에 얻게 되는 갑작스런 장애는 우리의 삶을 커다란 위기와 변화로 몰아넣는다. 일부의 사람들은 장애를 잘 수용하고 극복하여 새로운 삶에 적응하며 살아가지만, 또 일부의 사람들은 이를 극복하지 못하고 자신감과 자아존중감을 상실한 채 자신 혹은 타인과의 소통이나 관계 맺기에 무관심하고 무기력하게 살아간다. 본 연구는 중도장애환자들이 자아존중감과 소통의지를 회복하고 남은 삶을 정서적으로 보다 건강하게 살아가는데 도움을 주고자 이루어졌다.

연구자는 중도장애환자 A를 대상으로 2012년 11월부터 2013년 1월까지 주 1회, 1시간씩 총 10회기 동안 시 읽기와 쓰기 등 시 활동 위주에 미술, 음악 등의 기법을 보조적으로 가미한 통합적 인문치료를 진행하였다. 사전·사후 검사로서 사회원자 투사검사와 자아존중감 측정검사를 실시하여 인문치료가 A의 자아존중감과 소통 혹은 관계 맺기에 미치는 영향을 살펴보았다. 연구의 결과는 다음과 같다. 첫째, 인문치료는 중도장애환자의 회기별 자기표현을 증가시킨다. 둘째, 인문치료는 중도장애환자의 자기표현 능력을 향상시키고, 그 결과 자신감을 회복하게 하여 자아존중감과 소통 능력을 고취시킨다. 결론적으로 시와 미술을 활용한 인문치료는 중도장애환자의 자아존중감과 소통 증진에 긍정적인 변화를 가져왔다. 따라서 본 연구는 중도장애인의 자아존중감과 소통의지를 증진시키기 위한 중재 자료로 활용될 수 있을 것이다.

참 고 문 헌

강원대학교 인문과학연구소 (편). 2009. 『인문치료』. 춘천: 강원대학교 출판부.

루빈, 주디스 A. 2006. 김진숙 (역). 『미술치료학 개론』. 서울: 학지사.

애들러, 로널드 B. 김인자 (역). 2009. 『인간관계와 자기 표현』. 서울: 한국심리상담연구소.

오수진. 2012. 「집단통합예술치료 프로그램의 아동학대 부모교육으로서 활용 효과에 관한 연구」. 『예술심리치료연구』 8(2), 125-151.

이경우 · 김경희. 2006. 『커뮤니케이션과 대인관계: 이론과 실제』. 서울: 보고사.

이경희. 1995. 「중도척수손상자의 사회적응을 위한 재활체계모형」. 박사학위논문. 부산대학교.

프로이드, G. 김인순 (역). 2003. 『프로이드 전집 4: 꿈의 해석』. 서울: 열린책들.

한혜숙 · 임난영. 2002. 「장애인의 재활 동기 측정도구 개발」. 『성인간호학회지』 14(4). 554-563.

Leedy, J. J. 1985. *Poetry as Healer: Mending the Troubled Mind.* New York: The Vanguard Press.

Pennebaker, James W. 1997. *Opening Up: The Healing Power of Expressing Emotions.* New York: The Guilford Press.

Reiter, Sherry. 1994. "Enhancing the Quality of Life for the Frail Elderly: Rx, the Poetic Prescription." *The Journal of Long Term Home Health Care* 13(2). 139-146.

※ 이 글은 필자의 논문 「중도장애환자의 자아존중감과 소통 증진을 위한 인문치료 사례」 (『인문과학연구』 제36집 (2013): 609-630)을 수정 · 보완한 것이다.

'북한이탈주민을 위한 인문학 교실' 사례 연구

정 성 미

1. 서론

이 글은 북한이탈주민을 위한 인문학 교실의 사례 분석을 통해 인문치료가 북한이탈주민의 소통능력 증진에 미친 효과를 살핀 것이다.

남한에서 귀순용사, 탈북자, 새터민, 북한이탈자 등 다양한 호칭으로 불려 지는 북한이탈주민은 북한이탈주민의 보호 및 정착지원에 관한 법률 제2조 1항에서 "북한에 주소 · 직계가족 · 배우자 · 직장 등을 두고 있는 자로서 북한을 벗어난 후, 외국의 국적을 취득하지 아니한 자"를 의미한다고 하였다. 또 곽해룡(2001:14)에서 북한이탈주민은 본인의 의지 여부 상관없이 북한지역을 벗어나거나 북한 이외의 지역에 특수 목적을 위해 파견 · 투입되었으나, 북한의 영향력이 미칠 수 없게 된 북한 주민을 통칭하는 표현이라고 하였다.

남한 사회에서 북한이탈주민은 북한이탈주민이라고 획일적으로 불려 지게 됨으로써 탈북 이전에 다양한 계층이나 다양한 지역적 경험, 혹은 개인적 경험 등은 중요하게 여겨지지 않는다(채연숙, 2013:325). 남한 사회의 정착 과정에서 북한이탈주민들은 과거의 경험과 상처를 회피하거나 과장하면서 상처를 치유하지 못하고, 탈북 과정에서 한국 사회에 걸었던 기대가 좌절되는 아픔도 겪게 되면서 정체성의 혼란을 겪기도 한다(채연숙, 2013:326). 또 남한 사회 정착 과정 중에서도 북한이탈주민들은 단지 탈북자라는 이유로 불신과 이유없는 거부감, 적대감, 무시와 경멸, 따돌림과 소외, 부당한 대우와 차별을 경험한다고 토로한다(신미녀, 2009:121).

이 글에서는 그럼에도 불구하고 북한이탈주민이라는 용어를 사용하고자 하는데 그 이유는 북한이탈주민이라는 용어가 현재로서는 가장 공식적이고 법률적인 용어이기 때문이다.

하나원에서의 적응 교육은 총 12주 420 시간에 걸쳐 진행되며, 정서 안정과 건강증진 교육, 남한 사회에 대한 이해 교육, 진로와 직업을 위한 기초능력교육 등으로 구성되어 있다. 하나센터에서의 초기 지역 적응 교육은 하나원의 교육 이수자인 북한이탈주민을 대상으로 하며 총 2주 60 시간으로 구성되어 있다. 즉, 국가기관과 민간 기관에서는 상당한 양의 북한이탈주민의 적응 교육을 진행하고 있다.

그러나 초기 집중적인 교육을 받았음에도 북한이탈주민들은 남한사회에 쉽게 적응하지 못하고 있다. 북한이탈주민들은 정서적 우울감, 문화적응 스트레스, 불확실한 자녀의 미래 등으로 재이민을 가는 북한이탈주민이 생기고, 재입북하는 사례도 나타났다. 재이민과 재입북의 이유를 교육적 문제로만 볼 수 없지만 북한이탈주민에 대한 교육이 실질적인 효과를 이루지 못하고 있음을 간접적으로 지적해 주고 있다(정성미, 2012:127).

북한이탈주민의 삶의 질에 가장 큰 영향력을 미치는 것은 물질적인 것보다 정신적인 것으로 강인성, 실존적 영성, 사회적 지지, 꿈과 목표

(김현아 · 이수연 · 김규식, 2011:350)가 이에 해당된다. 북한이탈주민에게도 정신적인 것이 질적인 삶의 행복에 더 중요한 요소이다. 그러나 지금까지의 북한이탈주민의 교육은 현실 적응을 위한 정보 위주의 교육이 주를 이루었다. 북한이탈의 궁극적인 목적이 더 나은 인간다운 삶을 지향하는 데에 있다고 본다면, 물질적인 지원 이외에 그들의 정신적인 면에 초점을 맞춘 지원 체제가 보완되어야 하며, 이런 측면에서 북한이탈주민을 위한 인문학적 접근은 매우 절실하다(박재인, 2013:293).

더욱이 북한이탈주민의 남한거주 기간이 경과될수록 우울증이 높아지고(엄태완 · 이기영, 2004:21) 사회적 지지에 대한 부정적인 영향을 받는 것은 북한이탈주민의 사회 부적응의 일면이다(곽정래, 2011:240). 이를 볼 때 지금의 초기 교육뿐 아니라 지속적인 교육이 요구되는 시점이다.

이 글에서는 남한에 온 지 3년 이상 된 북한이탈주민을 대상으로 인문치료 프로그램인 북한이탈주민을 위한 인문학교실을 구성하였다. 인문치료 프로그램은 인문학적 자료를 인문학적 방법에 의해 구조화한 프로그램으로, 총 12회기로 구성되어 있다. 이 글은 그 사례를 중심으로 인문치료가 북한이탈주민의 자신을 이해하고 수용하는 내적 소통과 타인과의 대인 소통에 미치는 효과를 검토하고자 하였다. 이를 위해서 프로그램을 진행하면서 쓴 참여자의 글쓰기 자료를 분석하고, 사전사후 검사 도구로 채택한 회복탄력성 지수의 변화를 살펴봄으로써 북한이탈주민의 소통능력 증진을 위한 인문치료의 효과를 살펴볼 것이다.

2. 북한이탈주민을 위한 인문학 교실의 이론적 배경

인문치료는 인문학과 치유의 관계를 체계적으로 규명하는 학문 체제이다. 인문치료는 문학, 역사, 철학, 언어, 예술 등의 인문학 각 분야 및 연계 학문들의 내용과 기능을 학제적으로 새롭게 통합하여 개인과 사회의 문제를 치유하고 예방한다. 인문치료는 말하기, 쓰기, 듣기, 읽기, 생각하기, 느끼기와 같은 인문학적 방법을 토대로 한다.

이 글에서는 인문치료가 북한이탈주민의 소통능력을 향상시킬 수 있는지와 인문치료에 의해 향상된 소통능력이 북한이탈주민의 삶의 질에 기여할 수 있는지를 생각해 보려 한다. 북한이탈주민의 삶의 질과 의사소통의 연관성을 고찰한 곽정래(2011:236-238)에서는 북한이탈주민은 남한 주민과 직접소통이 많을수록 남한사회구성원으로부터 사회적 지지를 많이 받는 것으로 나타났다. 이는 북한이탈주민의 삶의 만족도에도 긍정적인 영향을 미치는 것으로 나타났다. 또한 문자 매체가 삶의 만족도나 사회적 지지에 긍정적인 영향을 미친다고 하였다. 이러한 연구 결과는 이전 북한 사회에서의 의사소통의 매체 사용을 반영한 것으로 문자의 치유적 기능과 역할을 활용해서 인문치료 프로그램을 구성하게 된다면 북한이탈주민의 소통능력을 증진시키는 데 긍정적 효과를 기대할 수 있을 것이다.

북한이탈주민의 소통능력 증진을 위한 인문치료의 핵심적인 이론적 토대는 의사소통 이론과 글쓰기치료 이론이다.

2.1. 의사소통 이론

북한이탈주민을 위한 인문학 교실은 소통의 원리에 입각하여 구조화하였다. 이 글에서는 정성미 외 13(2011:179-196)의 소통을 위한 인문치료의 원리와 방법을 토대로 프로그램을 구성하였다. 소통을 위한 인문치료에서의 치료 대상은 소통의 문제를 지니고 있는 모든 사람이다. 소통을 위한 인문치료의 치료 목적은 건강한 소통이다. 건강한 자기 표현과 타인 이해를 통한 자기 변화, 자기 확장에 이르게 하는 것이다.

이러한 치료 목적을 위해서는 소통을 위한 치유적 환경이 매우 중요하다. 치료자는 치유적 환경의 중요 요소이다. 참여자는 치료자의 공감적 듣기, 공감적 피드백을 통해 지지를 받게 되고 소통을 시도하게 된다. 치료자는 참여자의 소통과 삶의 문제를 안전하게 탐색할 수 있게 돕는 치유적 환경이다.

치료자의 언어의 모델은 부모어이다. 부모어는 유아의 수준에 초점을 맞추어서 반복적이고, 천천히 진행되며, 지금 여기의 상황을 우선적으로 한다. 치료자의 언어를 통해 지지를 받으면서 참여자는 과정 중심의 글쓰기, 말하기를 통해 지금 여기에서 참여자의 정서에 집중하게 된다. 또한 인문치료에서는 참여자의 자발적 참여를 원칙으로 하여 자기 표현을 할 수 있도록 도우며, 참여자가 원하지 않는 경우는 프로그램을 진행하지 않을 수도 있다.

치유적 환경은 인적 환경 외에도 공간적, 시간적 환경을 포함한 물리적 환경이 있다. 치유에 적합한 물리적 환경을 충족시키는 것은 치유적 효과를 높일 수 있으므로 섬세한 물리적 환경을 구성하는 것도 중요하다.

이 글의 인문치료 프로그램의 내용은 내적소통과 대인소통과 연관된 것으로 융합하여 구성하였다. 내적 소통에서는 무의식과 의식의 소통, 감정과의 소통, 과거의 나와의 소통, 미래의 나와의 소통, 전체 통합적 관점의 소통을 다루었다. 대인소통에서는 대인관계를 전체적 관점으로 탐색하고, 대인소통에 대한 이해와 소통 의지에 대해 다루며 소통의 문제를 해결하기 위해 관점 전환을 통한 타인 이해하기를 시도한다.

소통의 방법적인 측면에서 직접소통과 간접소통으로 구분한다. 직접적 소통방법은 내적소통, 대인소통에서 자신의 문제를 직접적으로 표현함으로써 자신과 문제에 대해 이해하게 하는 방법이다. 간접적 소통방법은 참여자의 문제를 인문학의 텍스트를 활용하여 자기 문제를 탐색하게 하는 방법이다. 간접적 소통은 참여자가 거리 두기를 통해 안전하게 자기 문제를 탐색할 수 있게 한다. 소통을 위한 인문치료에서는 인문학적 표현 방법인 말하기 글쓰기를 통해 자신의 생각과 감정을 자유롭게 표현하게 된다.

2.2. 글쓰기치료

글쓰기치료란 글쓰기와 치료가 조합된 용어로 글쓰기가 도구가 되어 치료의 목적을 이루는 것이다. 글쓰기치료는 참여자들의 과거의 상처를 극복하는 것에서부터 창의적 글쓰기에 이르기까지 다양하다. 이 글에서는 글쓰기치료 방법을 통해 프로그램을 구성하였다. 글쓰기가 지닌 치유적 강점을 살펴보자.

글쓰기는 말하기에 비해 좀 더 자아 의존적이다. 말할 때는 타인에 대해서 많은 것을 고려해야 하지만, 글을 쓸 때는 오직 내 생각, 나 자신에 집중하기 때문이다. 글쓰기 과정은 글쓰기를 통해 자기와 대화하고 자기를 알아가는 과정이다. 이 과정에서 글을 쓰는 사람은 창의적으로 자신을 표현하는 글쓰기를 하게 되는데 이러한 창의성은 자의식을 얻는 데 도움이 된다. 또한 이러한 자의식은 자신만의 환상 공간을 만들어 주고 세상을 보는 공간 자체에 새로운 변화를 가져다준다. 이런 과정에서 참여자는 우리 내면의 불안이나 소망 충족 욕구를 언어로 형상화함으로써 내면의 불안이나 갈등을 완화할 수 있으며 쉽게 해소될 수도 있다(채연숙, 2010: 82-84).

또 글쓰기는 느린 속도로 행해지면서 스스로의 감정과 생각을 분리하여 일정한 거리를 갖도록 해 주는 결정적 역할(채연숙, 2010:14)을 한다. 참여자가 해결하고 싶은 문제나 혼란스러운 감정에 대해 글쓰기를 할 때, 아픈 과거와 소외로부터 적당한 거리를 갖게 되므로 보호 받게 되고, 이 보호 속에서 상처와 소외의 경험에 대한 분석과 통합을 통해 새로운 사고로 나아갈 수 있다.

글쓰기는 미술, 음악, 영화 등의 매체와는 달리 적용하기 용이하다는 점에서도 강점을 가지고 있다. 글은 어디서나 어떤 주제를 가지고도 쉽게 시작할 수 있고 글을 쓴 후에 다른 사람들에게 전달하기도 쉽다.

글쓰기가 치유적이기 위해서는 그 과정을 구조화하는 것이 중요하다. 글쓰기치료에서는 기술적으로 첫째 치료 목적을 포함한 치료 계획이 설정되어야 한다. 둘째 치료를 받는 대상자가 있어야 한다. 셋째 훈련된 치료사의 적절한 중재와 개입이 있어야 한다. 넷째 글쓰기나 글쓰기 활동이 동반되어야 한다. 특히 글을 잘 다룰 줄 아는 치료사의 개입과 중재가 필요하다. 치료사는 참여자가 스스로 치료될 수 있도록 격려하고 참여자 스스로가 감정을 통제할 수 있도록 유도해야 하고, 저항을 완화하는 능력도 필요하다(채연숙, 2010:25).

모든 글쓰기가 다 치유적인 글이 되는 것은 아니다. 치유적인 글은 시간과 여유가 필요하다. 자기 방어에서 벗어나 자유롭게 표현할 수 있도록 조바심 내지 않고 인내하고 수용하는 과정이 필요하다. 글쓰기치료의 효과도 대부분의 경우 인내를 필요로 한다. 따라서 글쓰기치료는 매우 장기적인 단계에 걸쳐 이루어져야 하며 시간과 여유를 두고 치료에 들어가는 하는 것이 특징이다(채연숙, 2010:103).

3. 북한이탈주민을 위한 인문학 교실의 실제

3.1. 북한이탈주민을 위한 인문학 교실의 내용

북한이탈주민을 대상으로 한 인문치료 프로그램의 목표는 첫째 참여자에게 정서적 대화의 중요성을 인식시키고, 행복한 삶에 필요한 정서적 기술을 습득하게 한다. 둘째 참여자에게 행복한 삶을 위한 새로운 관점을 습득하게 한다. 셋째 참여자가 자신의 삶의 의미를 찾는 것이다.

북한이탈주민을 위한 인문학 교실은 주 1회 다양한 인문학을 매개로 한 말하기와 글쓰기를 통해 자신과 자신의 삶에 대해 탐색하게 한 프로그램이다. 집단(A)과 개인(B)로 구분하여 진행하였는데 집단(A)형은 북한이탈주민들의 집단 속에서 서로의 삶을 나누고, 지지하는 형태로 진행하여 정서적 유대감 속에서 서로의 관계적 의미를 되새기는 기회를 제공하였다. 개인(B)형은 인문치료 진행자와 북한이탈주민이 1:1의 긴밀한 관계를 통해 진행하였다. 프로그램은 전체 12 회기이고, 한 회기는 90분으로 구성하였다.

상반기		제목	텍스트	비고
1	도입단계	마음 풀기	도종환의 〈바람이 오면〉	자기소개, 바라는 점 Richard Stolzman(음악) 회복탄력성지수검사
2	도입단계	나 만나기	나태주의 〈풀꽃〉	나의 자랑(콜라주)
3	작업단계	유년의 뜰		시(체베나) 짓기 찰흙 빚기, 음악

4	작업단계	관계 살피기	장자의 〈바닷새이야기〉	다시쓰기, 관계도(돌)
5	작업단계	외로움과 만나기	〈그녀에게〉동영상 〈까마귀소년〉	감정카드
6	작업단계	불안과 분노 내려놓기	〈블랙독〉 〈하마 눈알 찾기〉	
7	작업단계	인생의 파노라마	신경림〈강물을 보며〉	그리기
8	통합단계	들어내기와 소통	〈코뿔소이야기〉 장자의 〈조삼모사〉 이야기	
9	통합단계	삶의 희망 찾기	〈빨간나무〉	
10	통합단계	삶의 징검다리	〈징검다리〉	고마움 표현하기
11	해결단계	미래를 향한 도전	10년 후 집 그리기, 미래일기	다시쓰기
12	해결단계	성장하기	장자의 〈대붕이야기〉	회복탄력성지수검사

이 프로그램에서는 참여자들이 집단 활동 또는 개인의 친밀한 관계를 통해 신뢰감을 형성하고 삶의 행복감을 증진하게 하였다. 또한 참여자의 자기성찰과 자존감 향상을 통해 남한사회에서의 삶의 의미를 찾게 하였다. 또한 삶의 어려움에 대한 긍정적 관점을 강화함으로써 당면한 삶의 문제를 해결하는 의지를 강화시키고자 프로그램을 진행하였다.

프로그램에서 활용한 텍스트에는 시 자료로 〈바람이 불어오면〉, 〈풀꽃〉, 〈낯선 곳〉, 〈장자〉 중 〈바닷새 이야기〉, 〈조삼모사〉, 〈성경〉 중 〈요셉 이야기〉, 동화에 〈까마귀 소년〉, 〈블랙 독〉 등, 영상 자료로 〈그녀에게〉의 영상을 활용하였다. 프로그램을 활성화하기 위해서 자연물(흙, 돌), 정감 있는 소재(털 뭉치, 촛불)를 활용하기도 하였다. 자연물, 정감 있는 소재들은 연상 작용을 촉진하는 데 도움을 줄 수 있다. 예를 들어 돌을 고르는 활동에서 참여자는 돌을 보면서 북한 집 화분에 있는 돌과 비슷한 것을 선택하고 그와 연관된 이야기를 하였다.

프로그램의 내용은 내적 소통과 대인소통으로 구성하였는데 내적소통은 의식과 무의식의 소통을 위해 내가 좋아하는 것 목록 작성하기를 하였고, 감정과의 소통을 위해 감정카드 활동과 동화를 통해서 우울과 두려움의 감정을 살폈다. 내적 소통에서 과거의 나와 조우하기 위해 상상기법을 활용해서 과거 나에게 소중했던 물건을 찾아내서 찰흙으로 빚도록 하였다. 또한 미래의 나와의 소통을 위해 20년 뒤의 미래 일기를 쓰도록 하였고 과거, 현재 미래의 총체적인 관점으로 인생을 살펴보는 인생의 징검다리 활동을 하였다. 모든 활동이 마치면 활동 후의 느낌과 생각을 정리하는 글쓰기를 진행하여서 그때의 자신의 생각과 느낌을 포착할 수 있게 하였다.

대인소통은 돌로 대인관계 표현하기, 대인관계도 그리기, 장자의 〈바닷새 이야기〉, 〈조삼모사〉를 통하여 대인관계 문제들을 표현하고, 자신이 희망하는 대인관계의 모습, 대인관계의 해결을 위한 방안들에 대해 탐색할 기회를 제공하였다.

이 프로그램에서는 전체적으로 말하기 글쓰기를 절충한 방법을 활용하였는데, 활용한 기법에는 내가 좋아하는 것 목록 작성표 작성하기, 내가 좋아하는 것에 대해 콜라주 활동, 체베나 쓰기, 대화문 쓰기, 편지 쓰기, 이야기이어서 쓰기이고, 마지막으로 프로그램의 후기를 썼다.

3.2. 북한이탈주민을 위한 인문학 교실의 내용 분석

10 회기의 핵심적인 활동을 살펴보자. 우선 1회기에서는 첫 만남의 긴장된 관계를 이완시키기 위해 시치료 기법으로 시를 두 번 들려주고 시에서 연상되는 것을 그림으로 그리게 한다. 그 다음 그 그림에 대해 말하기를 하고, 그 후에 글쓰기를 하도록 하였다.

참여자는 시를 듣고 꽃봉오리가 있는 그림을 그렸는데, 그림의 꽃봉오리가 자신인 것 같다고 하였다. 아직 피지는 않았지만, 바람이 불어도, 그리움이 와도 잘 이겨내는 모습을 상상하였다. 또한 이 창꽃은 고향 마을에 아주 많이 피어 있는 꽃이라고 하였다. 창꽃은 참여자에게 고향을 연상시키는 매개체이기도 하였다. 그림에 그려져 있는 산은 자신이 어렸을 때 올라가서 책도 읽고 하던 산인데, 이 산에 밭이 있어서 그것을 지키면서 거기서 창꽃도 보고 그 꽃을 꺾어다 방 안에 꽂아 두기도 했다고 하였다. 지금 살고 있는 곳에서도 창꽃을 보면 어렸을 때 생각이 많이 나서 걸음을 멈추고 한참을 바라보곤 한다고 하였다. 그리고 친구들과 재미있게 놀던 생각도 난다고 하였다.

참여자는 그림에 대해 이야기하는 과정에서 그림의 창꽃 꽃봉오리가 자신을 표현한 것이라고 하였고, 아직 다 피지 않은 창꽃의 상태가 바람이 불어도, 그리움이 있어도 잘 이겨내는 자신의 상태임을 은유적으로 표현하였다. 또한 그리움의 대상인 창꽃, 창꽃이 많이 피어있는 고향의 산, 친구로 이어지는 그리움의 연상을 살펴볼 수 있었다.

시를 듣고, 그림을 그린 후에 쓴 참여자의 글을 살펴보면 다음과 같다.

> 바람이 불면 두었다가 놓고 가라는 말은 내가 지금 겪는 어려움은 잠시 머물렀다가 간다는 뜻인 것. 그리움이 오면 묻어두면 참 좋을 것 같다. 가끔 고향의 아름다움과 향기도 맛볼 수 있어서. 아픔이 오면 다시 사라진다는 말을 나는 믿고 싶다. 어떤 아픔도 오래가지 못할 것이니까 세월은 계속 가는 것이니까 계속 바뀌고 변하기 때문에. 지금 나의 나이도 작지 않아 걱정이 많고 아픈 데가 너무 많지만 이겨내야 한다는 생각만 든다. 〈글자료 1〉

〈글자료 1〉에서는 어려움, 아픔은 잠시 머물러 간다는 점에, 그리움은 가슴에 묻어 두고 가끔 고향을 맛볼 수 있다는 점에 대해 긍정적인 생각을 표현하고, 자신의 현실이 좋지는 않지만 이겨낼 거라는 의지를 굳게 하였다.

2 회기에서는 의식과 무의식의 소통을 위하여 내가 좋아하는 것

을 빠르게 적는 글쓰기를 하였다. 내가 좋아하는 것을 빠르게 쓰는 것은 무의식을 살펴볼 수 있는 글쓰기 기법이다. 자신이 좋아하는 것을 적다 보면 평상시에 자신이 좋아하는 것을 적기도 하지만 의외의 것을 적기도 하고, 반복해서 적기도 한다. 좋아하는 목록을 분석하면서 자신이 좋아하는 것에 대해 생각하다 보면 자신에 대한 새로운 인식을 할 수 있다.

참여자의 경우는 반복한 항목은 없었으며, 특징적인 것으로 사람, 특히 주변의 사람을 좋아하고, 물질적인 것보다는 정신적인 것을 더 선호함을 알 수 있었다. 그리고 참여자는 거창한 것보다는 소박한 것을 좋아하는 것을 확인할 수 있었다.

> 책을 좋아한다./ 라디오 듣기를 좋아한다. /텔레비전 보기를 좋아한다.
> 잠자기를 좋아한다./ 운동을 좋아한다./ 글쓰기를 좋아한다.
> 그림그리기를 좋아한다./ ○○이를 좋아한다./ 비빔밥을 좋아한다.
> 국수를 좋아한다./ 과일을 좋아한다. / 스케이트 타기를 좋아한다.
> 수영을 좋아한다./ 친구들과 이야기하기 좋아한다./ 봄을 좋아한다.
> 기러기를 좋아한다./ 장미꽃을 좋아한다./ 아이와 놀아주는 것을 좋아한다.
> 남편의 마음을 좋아한다./ 가족을 좋아한다./ 선생님을 좋아한다.
> 혼자 있기를 좋아한다./ 퍼즐 맞추기를 좋아한다./ 깨끗한 것을 좋아한다.
> 진심을 좋아한다./ 이쁜 사람을 좋아한다./ 하얀 옷을 좋아한다.
> 검정색을 좋아한다./ 산책을 좋아한다. /오빠를 좋아한다. 〈글자료 2-내가 좋아하는 것〉

내가 좋아하는 것 목록 작성하기 활동을 마친 후 글쓰기를 하였다.

> 좋아한다는 말이 오늘은 참 의미가 깊게 여겨진다. 왜냐하면 아직까지 글로 내가 좋아하는 것을 적어보기는 처음인 것 같다. 이렇게 좋아하는 것이 많으면서도 한 번도 들여 봐 보지 못한 나이고 바쁘게 살아가는 현실이 너무 가혹하게 느껴질 따름이다.
> 모든 것을 다 좋아한다고 말하고 싶지만 그렇게 안 되는 현실 참 안타깝고 야속하다. 언제면 내가 좋아하는 것을 일일이 꼽아가면서 하나하나 해보고 맛보는 날이 있을는지...〈글자료 3〉

〈글자료 3〉을 통해서 참여자는 자신이 좋아하는 것이 많다는 사실을 새롭게 인지하고, 여유 있게 자신을 살펴 보지 못한 현실의 가혹함에 대해 안타깝고 야속하다고 표현하였다. 자신이 좋아하는 것을 할 수 있는 미래에 대해서도 확신하지 못하는 모습을 보이기도 하였다.

3 회기에서는 과거의 나와 조우하기 위한 활동을 하였다. 상상으로 어린 시절 공간에 가서 가장 소중하게 생각되는 대상을 찾게 하였다. 그 다음 과거의 대상을 찰흙으로 빚는 활동을 하고 글을 쓰게 하였다. 이 활동은 잊고 있었던 과거의 나의 모습을 탐색하고, 현재에 도움이 될 수 있는 좋은 자원을 기억 속으로부터 찾는 활동이다.

참여자는 과거의 공간에서 어린 시절 수학여행에서 자신이 사온 빨간 고춧가루 양념통을 생각해 내고 그것을 찰흙으로 빚었다.

참여자는 양념통을 찰흙으로 빚는 동안 깊이 과거의 공간, 과거의 자신의 모습, 과거에 있었던 사건들을 떠올렸고, 활동한 후 글쓰기에 표현하였다.

> 빨간색의 고추 가루 양념통을 오늘 찰흙으로 빚었다. 문득 어릴 때 ○○ 앞바다며 ○○도자기공장 ○○박물관이랑 답사를 하던 기억이 난다. 기차를 놓쳐서 울고 겁나던 어릴 때 기억이 난다. 기념품을 엄마한테 줄 때 엄마가 좋아하던 모습. 그 빨간 사과 모양의 고춧가루 양념통이 매일 우리 밥상과 엄마 아빠 우리 가족의 기쁨이고 행복이였던 것 같다. 지금은 온 가족이 둘러앉아 식사할 때가 드물고 ○○○○는 아직 북에서 고생을 하고 있다. 오늘 그 양념통을 손으로 직접 만들어보니 그때의 감회가 새롭게 안겨온다. 〈글자료 4〉

〈글자료 4〉를 보면 수학여행에서 기차를 놓쳤던 사건, 수학여행에서 사온 양념통에 기뻐하시는 엄마, 매일 밥상에 놓여 있었던 양념통, 양념통이 있었던 따뜻했던 밥상 그리고 밥상에 둘러 앉아 식사하던 가족, 아직 함께 하지 못하는 ●●에 대한 생각을 표현하고 있다. 참여자가 선택한 양념통은 함께 했던 가족의 행복을 상징하는 것이다. 산문 형식의 〈글자료 4〉를 운문 형식으로 바꿔서 글쓰기를 다시 하였다.

> 북한의 유명한 ○○도자기 공장
> 답사로 들러서 산 빨간 고추양념통
> 그것은 고마운 양념통
> 엄마에게도 우리 가족의 둘도 없는 기쁨
> 빨간 고춧가루를 담을 때마다 흐뭇해하는 엄마
> 한 가족의 둘러앉아 소박한 식탁에서도 유난히 빛나던 양념통
> 오늘은 그 빨간 사과 고추통을 찰흙으로 내 손으로 빚었네. 〈글자료 5〉

〈글자료 4〉의 산문과는 다르게 〈글자료 5〉의 운문에서는 과거와 현재의 내가 조우하는 모습이 뚜렷이 보인다. 이 시는 체베나쓰기로 체베나는 핀란드의 전통시로 7행으로 구성된 시이다. 1행에는 장소, 2행에는 행위 또는 마음을 표현하고, 3행에는 의문문의 형식을 취하며, 4행에서는 3행을 확장하고, 5행에서는 4행을 확장하고, 6행은 1행을 반복하고, 7행은 2행을 반복한다. 참여자는 체베나 형식에 맞춰서 시를 짓지는 않았다. 참여자의 시는 전체 7행으로 구성되어 있다. 1행에서 6행까지는 과거의 빨간 고춧가루 양념통에 대하여 표현하고 있다. 빨간 고춧가루 양념통이 우리집에 있게 된 유래, 양념통 때문에 기뻐하시던 엄마, 그리고 밥상에 둘러앉은 가족들에 대하여 쓰고 있다. 7행에서는 지금 현재를 나타내는 '오늘', 주체적인 인식을 보여주는 '내 손으로' 그 빨간 사과 모양

의 양념통을 빚고 있음을 표현하였다. 참여자는 찰흙 빚기와 글쓰기를 통해 잊고 지내왔던 과거의 소중한 가족, 행복한 집의 분위기 등에 대한 기억을 활성화할 수 있었다.

4 회기에서는 타인과의 관계를 조명해 보기 위해 들로 대인관계 표현하기 활동과 관계도 그리기 활동, 장자의 〈바닷새 이야기〉를 듣고 다시 쓰는 활동을 하였다.

참여자는 돌로 대인관계 표현하기 활동을 하였는데, 첫 번째는 돌로 옹기종기 모여 있는 모습을 표현하였다. 두 번째는 돌들을 모두 합쳐서 하나의 큰 원으로 표현하였다. 참여자는 북한이탈주민들이 서로 반목하는 모습이 안타깝고 서로 이해하면서 잘 지냈으면 좋겠다는 바람을 이야기하였다. 또 참여자는 현실은 그렇지 않아서 남한 사람 앞에서 자존심이 상한다고도 하였다.

대인관계를 구체적으로 살펴보기 위해서 대인관계도를 그리고 이야기를 하는 활동을 하였다. 참여자는 대인관계드에 대해 이야기하면서 가족들, 남한에 있는 친척들, 남한에 와서 도움을 주었던 많은 사람들을 언급하였고, 현재 갈등이 있는 사람에 대해서도 긍정적인 면을 이야기하고 감사를 표현하기도 하였다. 대인관계도에서 종교 생활을 같이 했던 사람들이 누락된 사실을 발견하고, 누락된 이유에 대해서는 그 사람들의 기대에 부응하지 못하기 때문인 것 같다고 하였다. 대인관계도를 통해 자신의 대인관계에 대한 새로운 인식을 하였다.

대인관계의 문제와 해결책을 생각해 보기 위해서 장자의 〈바닷새 이야기〉를 듣고 다시 쓰기 활동을 하였다.

> 새는 노나라 왕의 귀한 대접에도 불구하고 죽어버렸다. 그것은 새는 자기가 사는 바다가에서 살아야하고 또 갇혀 있으므로 죽고 만 것으로 생각한다. 바다가를 훨훨 날아다녀야 할 바다새가 노나라 왕의 미련한 욕심 생각 때문에 숨져 버린 것이다.
> 바다새야 넌 넘 가엽고 불쌍하다. 못된 노나라 왕의 손에 걸려 목숨을 잃은 너의 넋은 너의 후손들에게도 우리에게도 고향을 사랑하는 귀중한 진리를 안겨주었어. 잘가. 〈글자료 6〉

참여자는 노나라 왕의 미련한 욕심 때문에 관계가 단절된 것으로 보고 있고, 바닷새에게는 훨훨 날아다닐 수 있는 바다가가 고향이고 바다새의 비극이 고향을 귀중하게 여기는 진리를 깨닫게 했다고 글 속에 표현하고 있다. 바다새와 자신을 동일시하는 것을 볼 수 있다. 활동 후 말하기에서는 노나라 왕에 대한 어리석음을 자신은 인정하고 싶지 않지만 자신도 자녀들에게 노나라 왕처럼 하고 있다는 것을 새롭게 인지하였다.

5 회기는 내적소통 중 감정과의 소통을 위한 회기이다. 이 회기에서는 동화 〈까마귀 소년〉을 듣고 주인공이 가장 외롭게 생각되는 장면을 상상해서 그림으로 그린 후에 이야기를 하고, 글을 쓰도록 하였다. 참여자가 그린 그림은 동화 속 주인공이 학교와 집을 오가는 과정에서 들었던 까마귀 소리를 표현하였다.

그림을 그리고, 그림에 대해 이야기 한 후에 글쓰기를 하였다.

> 먼저 외로움 떨쳐 버리기 위해서는 먼저 다른 친구들에게 다가가서 이야기하는 것. 또한 자기만의 재능을 보여줄 수 있는 기회를 얻어야 하며 친구들에게 보여 주어야 한다. 또한 친구들이 뭘 좋아하는지를 알고 무엇을 요구하는지를 파악하는 것이 중요하다. 〈글자료 7〉

참여자는 까마귀 소년이 외로움에서 이겨내기 위한 방법에 대하여 글을 썼다. 참여자는 이 활동을 통해서 자신의 외로움의 감정에 압도당하지 않고, 잘 조절할 수 있는 방법을 탐색하였다.

6 회기에서는 불안과 분노의 감정을 탐색하는 회기이다. 동화 〈블랙독〉, 〈하마의 눈알 찾기〉를 통해 불안과 분노 감정이 일 때의 자신의 모습을 탐색하고 해결 방안을 생각해 보는 기회를 가졌다. 참여자는 블랙독으로 상징화 되어 나타나는 두려움, 불안을 자신에게는 안 나타날 것이라고 하였고, 만약 블랙독이 온다면 쫓아버릴 것이라고 하였다. 참여자는 〈하마의 눈알 찾기〉에서 눈알의 의미를 자신에게 가장 소중한 것이라고 생각하고, 만약 눈알을 잃게 된다면 이성을 잃은 것 같이 행동하다가 천천히 받아들일 것 같다고 하였다. 참여자는 흙탕물을 가라앉히는 좋은 방법으로는 긍정적으로 생각하고 한 가지 일에 너무 집착하지 않는 것을 이야기하였다. 이런 생각에 대해 글쓰기에서도 반복하여 표현하였다.

> 오늘 나에게 소중한 것일수록 너무 집착하지 말고 내려놓는 것도 중요함을 느낀다. 그래야만 내 자신이 힘들지 않고 계속 앞으로 나갈 수 있다는 것을 새삼스럽게 느꼈다. 그리고 이제는 나도 내 인생을 살아야하겠다는 나를 위해서 너무 아이를 위해서 쓰지 말아야겠다는 것. 등을 느낄 수 있었다. 천천히 그리고 좀 더 깊이 있게 자신의 일상을 돌이켜보는 좋은 시간인 것 같았다. 〈글자료 8〉

〈글자료 8〉를 보면 참여자는 소중한 것을 유지하기 위한 방법으로 집착하지 않는 방법을 찾아내고, 천천히, 깊이 있게 자신의 일상을 돌아보는 것의 유익을 이야기하였다.

7 회기는 삶을 총체적 관점으로 살펴보는 회기이다. 자신이 나

무라고 상상하고 자신의 삶을 상징적인 그림으로 표현하는 활동을 하고, 활동 후 글쓰기를 하였다.

> 나는 갓 태어나서는 정말 행복하고 천진하게 자랐다. 부모들의 영향과 함께 그런데 10대 중반에서는 학교에서도 집에서 닭은 사회가 낳은 악순환과 모순에 대해서 알게 되었고 소심하고 침묵적이고 무뚝뚝한 성격이 되어버렸다.
> 지금 나에게 물어본다면 나의 중학교 시절이 가장 그립다. 뜀뛰기, 널뛰기, 책 읽고 아이들에게 들려주는 그 기쁨과 즐거움 자신감이 넘쳐나던 시기였다.
> 그리고 많은 친구들도 생각하면 보고 싶다 그리고 그립다. 그들이 지금 어떻게 지내고들 있는지 궁금하다. 오늘 그림을 그려 보면서 스쳐 지나는 생각들 중의 하나가 바로 내가 제일 곡절을 겪던 20대 초반 직장상사들과의 만남이고 낙패(?)를 알게 된 것이다. 내가 만약 중국에 안 나왔으면 북한에서 어떤 모습으로 있었을까 하는 생각이 든다. 〈글자료 9〉

> 나의 희망 나의 꿈
> ○○여자 중학에서 시작되었던가.
> 친구들과 함께 웃고 떠들던 그때의 나.
> 자만에 넘쳐 있었던 나.
> 지금은 과연 그들을 만나볼 수 있을까?
> 나의 희망 나의 꿈
> ○○여자 중학에서 시작되었던가. 〈글자료 10〉

〈글자료 9〉에서는 행복했던 어린 시절, 가장 그리운 시절인 중학교 시절, 어려움이 많았던 20대 직장 생활, 중국에서의 삶 등에 대하여 쓰고 있다. 특히 가장 자신감과 즐거움이 넘쳐나던 중학교 시절에 대한 그리움을 표현하였고, 이를 시로 다시 형상화하였다. 중학생 시절 자신의 모습과 친구들에 대한 그리움을 표현하였고, 자신의 삶의 희망, 꿈이 시작된 시절이 중학교 시절이었다고 표현하였다. 참여자는 자신의 삶을 전체적인 관점에서 탐색해 봄으로써, 자신의 삶 가운데 행복하고 자신감 넘치던 중학교 때의 기억을 활성화 시킬 수 있었다. 과거의 좋은 기억들은 현재의 자신에 대한 새로운 인식을 돕고, 문제를 해결하는 데 도움이 될 수 있는 정신적 자원이다.

8 회기는 대인관계의 기법에 대한 회기이다. 자기고백과 질문하기 등 대인소통에서 친밀한 관계를 촉진시킬 수 있는 기법을 활용하였다. 장자의 조삼모사 이야기를 활용한 활동을 하였고 활동 후 글쓰기를 하였다.

> 오늘 조삼모사 활동을 통해서 저는 남의 의사를 묻는 것이 소통을 하는 첫 시작임을 알게 되었다. 또한 '싫어'하는 말은 쉽게 하지만 상대방의 입장과 감정을 생각하면서 그런 말은 될수록 피하고 '좋아'라는 말로 바꾸는 것도 하나의 상대방을 이해하는 좋은 방법인 것 같다라는 생각이 든다. 그리고 모든 사람들을 낙인을 찍어서 생각하기보다 그 사람의 입장에서 생각해 보는 것도 하나의 좋은 소통을 여는 길이라고 생각한다. 〈글자료 11〉

참여자는 조삼모사 활동을 통하여 타인에게 의사를 묻는 것, 거절 당하는 사람의 입장에서 상대방을 이해하려고 하였다. 즉 참여자는 고정관념에서 벗어나 새로운 관점으로 타인을 이해하는 방법을 찾을 수 있었다.

9 회기에서는 삶의 문제 속에서도 희망 요소를 찾는 회기이다. 9 회기에서는 치료자가 성경의 요셉 이야기를 들려주고, 참여자가 요셉이 가장 어려웠을 장면을 그리고, 그린 후에 글쓰기를 하였다.

> 오늘 요셉에 대한 이야기를 통해서 어려움에 처해도 자기 주체를 잃지 않고 있으면 꼭 좋은 날이 오고 밝은 미래가 있다는 것을 느끼게 되었습니다. 그리고 사람은 누구나 어려운 고비에서도 자기 자신을 이겨내고 지혜를 찾아낸다면 언제든지 물리칠 수 있다는 것을 알게 되었다.
> 그리고 정약용의 소설도 나에게 어둡지만 초심을 잃지 않고 모든 걸 이겨낸다면, 괴로웠던 모든 것도 즐거움을 마련하면 하나의 뿌리로 간주하게 된다는 것도 알게 해 준 것 같다. 〈글자료 12〉

참여자는 〈글자료 12〉를 통해서 삶의 문제 가운데서도 삶의 주체로서의 자신의 모습과 밝은 미래에 대한 긍정적 관점, 괴로운에 대한 새로운 관점을 인지하고 있음을 보여준다.

10 회기는 지금까지의 삶 가운데 긍정적인 영향을 주었던 대상에 대해 생각해 보는 회기이다. 〈징검다리〉라는 번역시를 듣고 자신의 삶 가운데 징검다리 역할을 해 준 대상에 대해 이야기를 하고 그 중 한 대상에게 편지 쓰기를 하였다. 참여자는 그 대상으로 ●●을 선택하였다.

사랑하는 ●●에게
우리가 좋은 인연으로 만나지는 않았어도 오늘까지 오기는 같이 했었고 당신과 그리고 나의 노력도 많았어. 그러니 자꾸 혼자 간다는 생각을 버리고 나를 끝까지 잡고 놓아주지 말았으면 좋겠어. 그래서 우리가 향유하는 목적은 같지 않아도 목적지까지는 같이 가고 싶어. 노력하자! 글은 배우면 되는 거구. 의지만 있으면 그 어디들 꼭 같이 갈 수 있다고 믿어. 당신 ○○이 사랑하고 아이들 사랑하는 마음이 나랑 똑같지 않아! 그러니 꼭 함께 끝까지 갈 수 있을 거야. 파이팅해. 〈글자료 13〉

참여자는 〈글자료 13〉을 통해서 ●●에게 지금까지 오는 동안 함께 노력한 점을 이야기하면서 현재 겪고 있는 언어 문제를 같이 잘 극복해 가기를 바라는 마음과 극복해 가고자 하는 자신의 의지를 표현하고 있다.

11 회기에서는 미래의 나와 소통하는 회기로, 미래 시점에서 자신의 삶을 예측해 봄으로써 미래의 삶에 대한 바람을 통해 새로운 삶의 목표와 계획을 세울 수 있게 된다. 20년 후 살고 싶은 집을 그림으로 그리게 한 후 20년 후의 미래일기를 쓰는 활동을 하였다.

행운
나의 꿈이 오늘 현실로 되었다.
나의 소박하고 안온한 생각이 오늘 현실로 되기까지는 참 많은 어려움과 힘든 나날들이 있었다. 아이들에게 그때 나의 이 소박한 꿈을 이야기했었을 때 천진한 우리 아이들의 말은 나를 충격에 빠뜨렸다. “엄마 우리랑 같이 바닷가에서 살자! 나도 바닷가에서 살고 싶어. 고기 잡으면서 내가 잡은 고기를 엄마가 먹는 게 난 좋을 것 같아!” 나는 그 이후로 단 한번도 바다에서 살고 싶은 이야기를 꺼내지 않았다. 내 자식들에게는 어부가 되라는 말을 하기 싫었던 것이다. 20년 후 갈매기 떼가 춤추는 하늘을 올려다보며 백사장에서 책을 보며 나의 시원한 마음을 열 수 있고 바다와 속삭일 수 있는 것이 얼마나 다행이고 행운인지... 그 누구도 몰랐다. 바다 물결은 나의 마음을 알아주는 것 마냥 세차게 파도가 친다. 〈글자료 14〉

참여자는 미래일기에서 바닷가에 집을 짓고 소박하면서 평온한 삶에 대한 바람을 표현하였다. 자신의 바람과 자신의 소박한 꿈이 자녀들의 꿈을 제한할지도 모른다고 걱정하면서 자녀들을 잘 키우고 난 후 자신의 꿈대로 바닷가에 집을 짓고 책을 읽으며, 자신의 마음을 공감해 주는 바다를 바라보는 미래의 삶에 대해 표현하기도 하였다. 참여자의 미래일기를 통해 자신의 소박하지만 평온한 바닷가의 삶과 자식들이 잘되기를 바라는 바람을 알 수 있었다. 그러나 참여자는 자신의 이상적인 삶과는 달리 자녀의 삶은 성공적인 삶이기를 희망하였다. 자신의 삶과 자녀의 삶의 이상적인 모습을 달리 생각하는 모습을 볼 수 있었다.

12 회기는 전체 회기를 정리하는 회기로 프로그램을 통해서 얻

게 된 것을 회고해 보는 회기이다. '프로그램을 통해서는 나는'으로 시작되는 글쓰기와 프로그램을 마치며 버리고 갈 것과 가져갈 것에 대해 이야기하는 활동을 하였다.

> 나는 참 다양하고 광범위한 인간의 성격 향상과 우리나라 고유의 문화에 대해서 배웠다.
> 첫째 나의 조급함과 피해의식에서 조금 벗어나게 되었다.
> 둘째 인간이 참 지혜롭고 위대하다는 것, 사람은 마음만 먹고 노력하면 못할 것이 없다는 것도 느꼈다.
> 셋째 행복이란 누가 가져다 주는 것이 아니라 자신이 만들어 가는 것임을 느꼈다.
> 넷째 우리가 사는 사회의 한 사람 한 사람이 배려하는 마음을 가질 때 비로소 사회가 아름다운 사회가 되므로 나 자신부터 변화시켜야 한다는 생각
> 다섯째 그림과 같은 활동을 통해서 잠시나마 고향과 꿈을 그릴 수 있었던 것 같다.
> 여섯째 시와 노래를 통해서 자신의 마음 속에서 아름다운 미감과 감정이 숨어 있다는 것을 발견할 수 있었던 것 같다.
> 일곱째 ●●●의 정열적인 지지와 말씀이 없었다면 나 자신을 변화시키기 힘들었을 것 같아요. 〈글자료 15〉

참여자는 '프로그램을 통해선 나는'의 글쓰기에서 감성적 측면에서 그림, 시, 노래 등을 통해 고향과 꿈을 그릴 수 있었고 자신도 인지하지 못했던 미감과 감정이 자신에게 숨어 있음을 발견하는 기회를 가졌다. 인지적 측면에서는 인간이 참 지혜롭고 위대하고, 마음먹기에 따라 변화할 수 있다는 것, 행복은 자신이 만들어 가는

것, 배려하는 마음이 좋은 관계를 형성하게 한다는 것을 새롭게 생각하였다. 자신에 대해서도 조급함과 피해의식에서 조금 벗어날 수 있다고 하였다. 또한 타인에 대해서도 감사함을 표현하기도 하였다.

> 버릴 것-허황한 욕심
> 가져갈 것-이 시간을 통해서 저는 소중한 꿈은 꼭 이루어진다는 것을 가지고 갈 것이다.〈글자료 16〉

참여자는 〈글자료 16〉에서 프로그램을 마치고 버리고 갈 것으로 '허황된 욕심'을, 가져갈 것으로 '소중한 꿈'을 이룰 수 있다는 긍정적 생각을 가져가겠다고 하였다. 참여자는 남한에서의 이룰 수 있다고 생각했던 자신의 꿈을 현실적으로 잘 조절하고, 소박하지만 소중한 자신의 꿈을 이룰 의지를 새롭게 하였다고 보여 진다.

3.3. 북한이탈주민을 위한 인문학 교실의 치유적 효과

인문치료를 실시한 후 사전, 사후검사로 회복탄력성 검사를 하였다. 북한이탈주민을 위한 인문치료 프로그램이 참여인의 회복탄력성 향상에 효과가 있는가를 알아보기 위한 것이다. 사전사후 회복탄력성 지수는 KRQ-53으로 검사하였다. 회복탄력성이란 자신에게 닥치는 온갖 역경과 어려움을 오히려 도약의 발판으로 삼는 힘이다. 회복탄력성은 자기조절능력, 대인관계능력, 긍정성으로 크게 세 부분으로 나눈다. 소분류에서 다시 자기조절능력은 감정조절력, 충동통제력, 원인분석력으로, 대인관계능력은 소통능력, 공감능력, 자아확장력으로, 긍정성은 자아낙관성, 생활만족도, 감사하기로 나눈다.

	회복탄력성지수 (1-53)	자기조절능력 (1-18)	대인관계능력 (19-36)	긍정성 (37-53)
사전	172	52	58	62
사후	195	62	66	67
	향상	향상	향상	향상

한국 사람들의 회복탄력성 지수 평균 점수는 195점이다. 참여자는 사전 회복탄력성 지수가 180점 이하이므로 참여자는 부정적인 사건에도 쉽게 영향을 받는 나약한 상태라고 볼 수 있다. 그런데 참여자의 사후 회복탄력성 지수가 195로, 이는 남한 사람의 평균 점수이다. 사후 점수는 사전 점수와 비교해 보면 23점 대폭 상승하였다. 인문치료가 회복탄력성 지수 향상에 유의미한 결과를 준 것으로 볼 수 있다.

	자기조절	감정조절력	충동통제력	원인분석력
사전	52	11	23	18
사후	62	22	21	19
	향상	향상	감소	향상

한국 사람의 자기조절능력 평균 점수는 63.5이다. 참여자의 자

기조절능력 지수는 62점이어서 평균에서 1.5점 부족하지만, 사전의 자기조절능력 점수보다는 10점 대폭 상승하였다. 이는 인문치료가 자기조절능력 향상에 유의미한 영향을 준 것으로 볼 수 있다.

	대인관계	소통능력	공감능력	자아확장력
사전	58	18	21	19
사후	66	19	25	22
	향상	향상	향상	향상

한국 사람의 대인관계능력 평균 점수는 67.8인데 참여자의 대인관계능력 지수는 66으로 평균에서 1.8점 부족하다. 그러나 사전의 대인관계능력 점수와 비교하면 사후에 8점 대폭 상승하였으므로 인문치료가 대인관계능력 향상에 유의미한 영향을 준 것으로 볼 수 있다.

	긍정성	자아낙관성	생활만족도	감사하기
사전	62	20	15	27
사후	67	21	17	29
	향상	향상	향상	향상

한국 사람의 긍정성 평균 점수는 63.4이다. 참여자의 긍정성 지수가 사전 62점에서 사후 67점으로 상승하였다. 사후의 긍정성 지수가 평균 점수보다 3.6점 향상되었다.

북한이탈주민을 위한 인문치료 프로그램을 전후로 실시한 회복탄력성 검사에서 참여자는 자기조절의 충동통제력을 제외한 모든 항목에서 향상된 결과를 보여 주었다. 이는 인문치료 프로그램이 참여자의 자기조절과 대인관계, 긍정적 사고 향상에 긍정적 효과가 있었음을 보여준다.

4. 결론

이글에서는 북한이탈주민의 소통능력 증진을 위한 인문치료의 이론인 의사소통 이론과 글쓰기치료에 대해서 살펴보고 인문치료의 사례 내용 분석과 회복탄력성 지수와의 연관성을 통해 인문치료의 효과를 검토해 보았다.

의사소통 이론과 글쓰기치료의 방법을 토대로 구조화된 인문치료 프로그램을 통해 참여자는 16개의 글쓰기를 하였고, 글쓰기 자료의 내용 분석을 통해 참여자의 내적소통과 대인소통의 긍정적 자원과 부정적 문제들을 확인할 수 있었다.

글쓰기에서 참여자 자신에 대한 표현 중에 창꽃이 있었다. 창꽃봉오리가 바람 앞에서도 잘 견뎌내는 것처럼 자신도 삶의 문제를 잘 이겨냄을 은유적으로 표현하였다. 참여자는 좋아하는 목록 작성을 통해 자신이 물질적인 것보다 정신적인 것, 거창한 것보다 소박한 것을 좋아함을 새롭게 인지하였다.

참여자는 자신의 감정과의 소통에서는 의지적으로 이겨내려는 강인함을 보여 주었다. 외로움, 불안, 두려움에 대해 이성적으로 대처 방법들을 정리하였다. 소중한 것을 유지하기 위한 방법으로 집착하지 않는 것이 계속 유지할 수 있는 길임을 새롭게 인지하였다. 천천히, 깊이 있게 자신의 일상을 돌아보는 것의 유익을 이야기하였다. 그러나 참여자는 문득 문득 고향에 대한 그리움, 고향에 있는 친구들에 대한 그리움을 반복적으로 표현하기도 하였다.

참여자는 과거, 미래, 삶의 총체적 관점에 대한 탐색에서 과거 가족이 행복했던 시절을 떠올리고, 소중한 가족, 행복한 집의 분위기 등에 대한 기억을 활성화하였고, 삶을 전체적으로 살피는 활동에서는 자신의 삶 가운데 행복하고 자신감 넘치던 중학교 때의 행복했던 기억을 활성화하였다. 미래 관점에서는 자신의 소박하지만 평온한 바닷가의 삶과 자식들이 잘되기를 바라는 바람을 새롭게 인지하였다. 그러나 자신의 이상적인 삶과 자녀의 이상적인 삶에 대한 모순된 모습을 보이기도 하였다. 또한 참여자는 자기가 좋아하는 것을 생각하지 못할 정도로 여유 없었던 현실의 가혹함에 대해 안타깝고 야속하다고 표현하였다. 자신이 좋아하는 것을 할 수 있는 미래에 대해서도 확신하지 못하는 모습을 보이기도 하였다.

글쓰기 내용 분석에 나타난 대인관계에 대해 살펴보자. 참여자는 북한이탈주민들이 서로 반목하는 모습을 안타깝게 생각하고, 다양한 사람을 수용하면서 잘 지냈으면 좋겠다는 바람을 표현하였다. 또 그렇지 않은 현실 앞에서 남한 사람 앞에서 자존심이 상한다고도 하였다.

참여자는 대인관계도를 통해 가족들, 남한에 있는 친척들, 남한에 와서 도움을 주었던 많은 사람들을 언급하였고, 현재 갈등에 있는 사람에 대해서도 감사한 부분을 언급하는 성숙한 면을 보이기도 하였다. 대인관계도를 통해 종교생활을 같이 하는 사람들에게 부담을 갖고 있음을 새롭게 인식하였다.

참여자는 거절 당하는 사람의 입장에서 상대방을 이해하려는 태도, 고정관념에서 벗어나 새로운 관점으로 타인을 이해하는 방법에 대하여 자신의 생각을 정리하였다. 타인을 이해하는 면에 대하여 자신이 자녀들에게 왕처럼 군림하려고 하는 점을 새롭게 인식하였고, 자기 인생의 동반자로 ●●을 생각하고 있으며 지금의 문제들을 잘 극복해 가기를 바라는 마음과 극복해 가고자 하는 자신의 의지를 ●●에게 표현하고자 하였다.

Ⅲ장에서는 이 프로그램의 사전 사후에 실시한 회복탄력성 검사 결과를 살펴보았다. 참여자는 자기조절의 충동통제력을 제외한 모든 항목에서 향상된 결과를 보였으므로 인문치료 프로그램이 참여자의 자기조절과 대인관계, 긍정적 사고 향상에 긍정적 효과가 있었음을 보여주었다.

참고문헌

곽정래(2011). 북한이탈주민의 커뮤니케이션 활동이 사회적 가치 수용과 삶의 질 평가에 미치는 영향에 관한 연구. 『한국언론학보』, Vol.55. No.3., pp. 219-247.

곽해룡.(2001). 북한이탈주민 현황과 문제에 관한 연구: 인권적 차원에서의 지원 방안을 중심으로. 명지대학교 박사학위논문.

권정윤 · 조혜영 · 김미경(2013). 북한이탈주민 어머니의 심리적 특성 및 양육 특성이 자녀의 문제행동에 미치는 영향. 『유아 교육학론집』, Vol.17. No. 4., pp. 275-296.

김주환(2011). 『회복탄력성』. 서울: 위즈덤하우스.

김현아 · 이수연 · 김규식(2011). 적응유연성이 삶의 질에 미치는 영향: 해외이주민과 북한이탈주민을 중심으로. 『상담학연구』. Vol.12, No.1,. pp.333-354.

박재인.(2013). 탈북여성 B의 구비설화에 대한 이해 방식과 자기서사. 『고전문학과 교육』26, pp. 291-324.

벌코 외 2(2003). 『언어 커뮤니케이션』(이찬규 역). 한국문화사.

변학수(2007). 『문학치료』. 서울: 학지사.

신미녀(2009). 남한주민과 북한이탈주민의 상호인식 - 한국사회 정착에서 제기되는 문제를 중심으로 -. 『북한학연구』 제5권 2호.

엄태완 · 이기영.(2004). 북한이탈주민의 우울과 사회적 문제해결능력 및 사회적 지지와의 관계, 『정신보건과 사회사업』18. pp.5-32.

정성미 외 13(2011). 『인문치료의 이론과 원리』. 춘천: 산책.

정성미(2012). 북한이탈주민의 문화적응 스트레스 완화를 위한 인문치료. 『어문론집』52. 중앙어문학회. pp. 125-146.

정운채(2005). 인간관계의 발달 과정에 따른 기초서사의 네 영역과 〈구운몽〉 분석 시론. 『문학치료연구』3. pp.7-36

제임스 페니베이커(2007). 『글쓰기치료』(이봉희 역). 서울: 학지사.

채연숙(2010). 『글쓰기치료』. 대구: 경북대학교출판부.
최강미.(2013). 북한이탈주민의 자기규정 양상에 대한 소고 자기민족지적 텍스트로서의 '금희의 여행' 분석을 중심으로. 『민족문학사연구』52. pp.322-354.

※ 이 글은 필자의 논문 「북한이탈주민의 소통능력 증진을 위한 인문치료」(『다문화콘텐츠연구』16집, 다문화콘텐츠기술연구원, 2014)를 수정 · 보완한 것이다.

출소자의 자기 치유를 위한 '셀프-행복 프로젝트'

최 병 욱·김 선 희

1. 죄의 주체이자 객체로서 실존의 치유. 인문학적 성찰

인간은 불완전한 존재이다. 그러나 이러한 불완전한 존재를 완전하게 해주는 존재 역시 또 다른 불완전한 존재이다. 불완전한 존재로서 인간의 모습은 '실존'이라는 개념 속에서 잘 드러난다. 불완전한 실존은 살아가면서 때로는 누군가에게 아픔이나 상처를 주기도 하고 심지어는 돌이키기 힘든 죄를 짓기도 한다. 그러나 그와 같은 죄로 인하여 상처를 입은 실존을 치유해 줄 수 있는 것도 인간이고 그 죄를 지은 실존을 용서해줄 수 있는 것도 실존밖에 없다.

실존적 인간은 살아가면서 크고 작은 범죄의 주체가 되기도 하고 객체가 되기도 한다. 그래서 인간은 때로는 가해자로서의 삶을 살기도 하고 피해자로서의 삶을 살기도 한다. 가해자는 자신의 죄에 상응하는 법적 처벌을 받게 될 수 있다. 그러나 자신의 죄에 해당하는 법적 처벌을 받았다고 해서 가해자 자신이 그 죄로부터 쉽게 자유로워질 수 있는 것도 아니고, 피해자 또한 쉽게 그 상처로부터 치유되는 것도 아니다. 전자의 경우에 있어서, 현실적으로 출소 후에 사회로 다시 복귀하고자 해도 그 사회는 더 이상 이전의 사회가 아니다. 출소자가 지닌 낙인은 쉽게 지워지지 않는다. 이는 재사회화의 내적·외적 장애요인이 되어 출소자로 하여금 다시 재소자의 길로 걷게 하는 악순환을 초래하기도 한다.

출소자의 성공적인 재사회화를 위해서는 이들을 여전히 범죄자나 예비 범죄자로 보는 사회적 인식이 바뀌어야 한다. 그와 같은 사회적 인식은 출소자의 재사회화를 저해하는 요인으로서 출소자뿐만 아니라 사회 자체를 더 근본적으로 병들게 한다. 출소자들의 재사회화의 실패를 최소화하기 위해서는 현실적으로 출소자 당사자의 의지와 더불어 국가 차원의 정책적 지원 또한 절실히 필요하다. 마땅히 사회는 범죄자를 만들지 않는 것이 선결되어야 하겠지만, 사회적 낙인으로 인하여 누구보다도 더 범죄의 가능성에 실존적 · 사회적으로 노출되어 있는 출소자가 재범의 늪으로 빠져들지 않게 하기 위하여 국가적 차원에서 재사회화 프로그램을 구체적이고 전문적으로 개발하고 지원하는 것이 매우 중요하다.

현재 출소자들의 사회복귀를 지원하는 주요 기관은 법무부 산하의 한국법무보호복지공단(옛 한국갱생보호공단. 이하 공단으로 약칭)과 7개의 민간법인이다. 이들 기관은 재사회화에 필수적인 물질적 · 경제적 지원을 하고 있으며, 정서적 · 정신적 재사회화를 돕기 위하여 재사회화교육, 멘토링 및 사후관리 등의 다양한 지원 사업을 실시하고 있다. 하지만, 재사회화 프로그램은 주로 외적이고 물질적인 차원의 지원에 한정되어 있고, 출소자 스스로 자신에 대하여 진솔하게 느끼고 고민하는 것을 돕는 내적이고도 정신적인 차원의 프로그램으로의 확대는 본격적으로 현실화되지 못하고 있는 실정이다. 출소자들의 내적이면서도 정신적인 차원의 심화와 강화를 도울 수 있는 가장 상식적이면서도 건전한 영역은 바로 인간적인 삶을 자신의 이상으로 삼는 인문학을 바탕으로 하는 프로그램일 것이다.

인간다움에 대한 인문학적 성찰을 통하여 나 자신, 가족, 그리고 사회 속에서의 나는 누구인지, 누구이어야 하는지, 누구이고 싶은지에 대해 진정으로 느껴보고 고민하는 인간적 삶에 대한 프로그램이 출소자들에게는 필요하다. 사회적 낙인으로부터 자유롭게 놓여나서 오롯이 이들 스스로에 몰입하여 인간적인 삶, 행복한 삶을 위해 '나'를 어떻게 이해하고, 그리고 나와 가족, 나아가 사회 속에서 어떻게 살아갈지에 대해 성찰하는 자기 소통의 시간을 갖는 것이야말로 재사회화에서 이루어져야 할 대전제라고 생각된다. 따라서 이 글은 출소자의 재사회화에 인문학적 접근이 기여할 수 있는 자기-교육적이고 자기-치료적인 역할을 살펴보고자 한다.

2. 셀프-행복과 인문치료의 상관성

범죄예방은 출소자들의 재사회화와 직접적인 연관성을 지니고 있다. 왜냐하면 출소자의 50% 이상이 재수용 되고 있는 현실에서 보자면, 범죄율의 증가가 재범률과 직접 연관되어 있기 때문이다. 실제로 경찰백서(2010)에 의하면 2009년도 검거된 2,333,715명 중 47.6%에 해당하는 1,109,859명이 재범자인 것으로 보고되고 있기에 재범방지를 위한 노력이 시급함을 시사하고 있다. 그렇다면 재범률을 낮출 수 있는 가장 기본적인 요인은 무엇인가? 그것은 무엇보다도 기본적인 의식주 해결일 것이다. 그렇기 때문에 공단에서 생활하고 있는 출소자들은 보호 기간 동안 평균 재범률이 현저히 낮게 나타나고 있다. 최소한의 생계문제라도 해결되었을 때라야 출소자들은 비로소 재사회화의 기회를 제대로 활용할 수 있게 된다.

현재 공단에서는 출소자에 대한 숙식제공, 취업알선, 직업훈련, 긴급원호, 재사회화교육, 의료시혜 등 다양한 지원 사업을 실천하고 있지만, 정부 보조금 지원의 한계로 인해 보다 많은 출소자들에게 혜택이 돌아가지 못하고 있다. 그러나 출소자들의 재범률에 따른 범죄사회적 비용을 고려한다면, 출소자들에 대한 국가 차원의 재사회화교육의 확대는 범죄율 증가나 출소자들의 재범률의 증가를 막기 위하여 실로 현명하고도 바람직한 선택이 될 것이다.

이를 위해서는 외적 · 물질적 요인과 더불어 출소자 자신이 어떻게 재사회화에 임할 것인지에 영향을 미치는 내적 · 정신적 요인의 중요성 또한 심각하게 고려되어야 한다. 재사회화에 대한 자기문제의식이 충분히 전제되지 않는다면 외적 지원의 효과도 그만큼 약해질 수밖에 없다. 따라서 재사회화의 토대를 내적 · 정신적 요인의 구축을 돕는 것으로 하여 외적 · 물질적 요인으로 확장하는 것이 재사회화의 근본적 취지나 목적에 더욱 가깝게 된다. 따라서 재사회화의 일차적 대상은 외적이고 물질적인 어떤 것들이 아니라 바로 자기 자신(Self)이며, 그 주체 또한 외적인 도움에 의해서라기보다는 자기 스스로(self) 하는 것이다. 재사회화의 성공정도는 당사자 자신의 능동성의 정도에 비례하여 결정될 것이다.

재사회화의 대전제는 주체와 객체로서 셀프이어야 한다. 그러나 주지하듯이 재사회화 요인들이 상대적으로 당사자의 외적인 요인들에 과도하게 초점이 맞추어져 있다는 점이다. 물론 이와 같은 요인들의 중요성은 개인의 정체성이 관계적 요인들에 영향을 받고 있다는 점에 있어서 이론의 여지가 없다. 그러나 지나친 외적인 관계 중심의 요인분석은 관계의 중심에 놓여있는 내적 요인들이 재사회화에 미치는 중요성을 간과하게 할 우려가 있다. 모든 관계는 외적 관계와 더불어 내적 관계 요인들에 의해 수행되그 있다. 이것이 당사자 개인의 문제일 경우에는 더욱 그러하다.

따라서 프로그램의 주체와 대상은 당사자, 즉 자기 자신 중심이어야 한다. 관련 단체나 연구자들이 재사회화 요인을 분석하고 대안을 모색하는 것 못지않게 당사자들이 스스로 재사회화의 필요성과 내용 그리고 그것의 가치에 대해 보다 근본적인 물음을 던지고 답을 찾아가는 과정이 중요하다. 당사자들이 현시점에서 재사회화의 문제에 대한 개인적인 물음을 던져보고 이에 대한 대답을 프로그램 속에서 함께 찾아가는, 보다 근원적인 형태의 교육이나 프락시스가 실행되어야 한다.

이것이 바로 인문 정신을 근간으로 하는 인문학적 프락시스나 인문학적 치료가 개입해야 하는 이유이다. 인문치료는 인문학적 정신과 방법으로 마음의 건강과 행복한 삶을 위해 인문학 각 분야 및 연계 학문들의 치료적 내용과 기능을 학제적으로 새롭게 통합하여 사람들의 정신적 · 정서적 · 신체적 문제들을 예방하고 치유하는 학문이자 실천적 활동이다. 한마디로 말하면, 인문학적 가치와 방법을 통해 현대인들의 마음의 병을 치유하는 행위이다.

인문치료는 인문학적 가치와 방법을 사용하는 치료적 활동을 통해 인간의 삶의 궁극 목적인 행복에 도달하도록 돕고자 한다. 결국 인문치료의 목적은 인문학적 앎의 실천을 통해 행복추구의 필수 조건인 건강한 마음을 유지 · 회복 · 촉진하는 데에 있다. 인문학을 통해 스스로 인간다운 삶이 무엇인지 검토해보고 자기 자신의 마음을 스스로 치유하는 방법을 찾는 것이 가장 중요하다. 이는 자신을 구할 수 있는 가장 본질적인 존재는 바로 자기 자신이기 때문이다.

고대 그리스의 철학자 소크라테스는 자신이 알고 있는 지혜의 내용이나 이에 이르는 방법을 그대로 전수하는 자가 아니라 철저히 이들의 출산을 돕는 산파에 머물고자 하였다. 키르케고르는 산파는 교사와 제자 사이를 비롯한 모든 인간과 인간 사이에 진리를 배우는 일과 관계된 유일한 교훈이며 이것이야말로 소크라테스 사상의 깊은 뜻임을 역설하고 있다. 교사로서 인간은 누구나 산파 이상의 역할을 담당해서는 안 되는데, 그것의 핵심적 이유는 모든 물음의 궁극의 뜻은 물음을 받는 사람 자신이 어쨌든 진리를 가지고 있어야 하며, 그것을 자기 자신의 힘으로 얻지 않으면 안 된다고 하는 것이기 때문이라는 것이다.

결국 재사회화의 내적인 요인의 중심을 형성하는 것은 바로 출소자들의 마음이다. 따라서 마음의 일을 그 근본에서 다루어보는 과정이 필요하다. 인문학은 이와 같은 현실에 처해있는 출소자들의 마음을 알아채고 챙길 수 있는 가장 근본적인 길이 될 것이다. 인류 역사상 끝없이 인간에게 동서고금의 삶과 지혜를 전수해주었던 인문학이 지니고 있는 정신적 자산은 출소자들의 재사회화를 위한 근본적 토양이 될 것이다.

인문학은 재사회화의 성공 여부를 결정하는 재사회화의 요인들에 대한 출소자들의 접근성을 유연하게 해줄 수 있는 잠재적 자원이다. 이와 같은 인식은 현재 여러 교도소에서 추진 중에 있는 인문학 프로그램들을 통해서도 알 수 있다. 삶의 에누리 없는 기록인 인문학은 삶의 희로애락을 온 몸으로 노래하고 그 흔적을 기록한다. 환희뿐만 아니라 비애를, 희망뿐만 아니라 절망을, 승리뿐만 아니라 패배를, 삶뿐만 아니라 죽음을 노래하기에 인문학은 출소자들의 재사회화의 근간이 되는 있는 그대로의 삶 자체에 대한 포용력과 두렵게 다가올 미래에 대한 고통스럽더라도 담대한 직면을 함께 이끌어감으로써 재사회화의 동기를 강화하는 것을 도울 것이다. 나아가 이러한 활동은 재사회화 과정에서 부딪치게 될 다양한 내적·외적 소통의 어려움을 풀어나가는 인문적 소통력 강화를 도울 것이다.

3. 출소자의 인문학적 행복을 위한 '셀프-행복 프로젝트'

1) 프로그램의 상호통섭적 구성

출소자 자신에 의한 자신의 행복을 준비하기 위한 〈셀프-행복 프로젝트〉 프로그램은 공단 K지부에서 2011년 7월 19일에서 8월 9일까지 회기마다 1시간, 주 1회로 총 4회 실시하였다. 매회 10여 명의 출소자(숙식보호대상자)와 2-3명의 공단 직원들이 함께 프로그램에 참여함으로써 재사회화 현장에서 단지 보호대상자만의 일방적인 프로그램 참여가 아니라 담당직원들과 보호대상자들이 함께 참여함으로써 이들 간의 상호통섭적 관계를 촉진시키고자 하였다. K지부의 출소자는 2011년 7월말 현재, 25명으로 이들은 공단의 지원 아래 숙식을 제공받고 있는데, 대부분은 일용직 노동을 하며 생활하고 있다. 이들의 힘든 생활을 고려하여 강제적 동원이 아닌 자발적 참여를 유도하고자 하였다.

집단 상담이나 개인 상담에서 늘 직면할 수 있는 문제는 비자발적인 집단 구성원이 참석하는 경우이다. 이에 대해 적극적인 대안을 세우는 것은 쉽지 않다. 현실적으로 숙식보호대상자들이 지시적인 형태를 하지 않으면 스스로 늦은 시간에 프로그램에 참가하기가 쉽지 않다. 그러나 비자발적인 참여자라고 할지라도 끝까지 비자발적일 것이라고 단정하기는 어렵다. 왜냐하면 프로그램 참여 과정 중에 자발적인 참여자로 바뀔 수도 있기 때문이다. 실제로 필자들의 프로그램 진행 중에 첫 회기에는 관심을 갖지 않던 참여자들이 점차 적극적인 활동을 하는 경향성을 확인할 수 있었다.

인문치료 프로그램의 매 회기에 참여한 인원은 10여명 정도였으며, 각자의 일정상 4회기 모두 참여한 사람이 많지 않아 참가자들에 대한 프로그램의 지속적 관계성 부분에서는 아쉬운 점이 있었다. 프로그램의 지속성에 대한 문제는 이미 출소자들을 대상으로 2008년과 2009년에 수행된 인문치료 프로그램에서 나온 문제이다. 참여자들의 특성상, 즉 노동시간의 불안정으로 인한 구성원들의 유동성 때문에 불가피하게 집단의 역동성과 핵심 문제에 대한 집중도의 저하가 수반되었다.

이에 대한 대안을 찾기 위해 기본적으로 시도한 것은 각 회기의 프로그램을 전체 회기와의 연속성이나 통일성을 유지하도록 하는 동시에 각 회기 프로그램 자체의 완결성을 강화해보는 것이었다. 즉 개별적인 회기 자체만으로도 독립적인 치료적 위상을 지니게 하고자 하였다. 새롭게 프로그램에 참여하는 이들이 프로그램의 근본적인 취지를 공유하고 기존의 참가자들과의 상호관계 형성을 위하여 각 회기를 시작할 때 새로운 참여자의 간략한 자기소개와 더불어 프로그램 소개를 병행하는 것이다.

이와 같이 재사회화 프로그램의 진행을 위하여 출소자 당사자들이 처해있는 외적 상황이나 조건들에 대한 인문치료 프로그램 구성의 내적인 고려를 시도하였다. 이와 더불어 출소자 재사회화의 내적인 상황, 즉 출소자들이 당면한 재사회화라는 과제에 대한 고려 차원에서는 무엇보다도 이들의 내적 · 정신적 차원의 지원을 위하여 '셀프-행복'이라는 주제를 상정하고, 이 주제를 알아채고 챙기기 위한 핵심적인 과정으로서 우선 셀프-행복의 출발이 되는 각자의 '행복개념소(element)와 소인(factor)들'을 이끌어 내보고 다음으로는 '행복의 필요소들', '행복의 충분소들', '이상적인 행복태(modus)들' 등의 알아채기와 챙기기로 나눔으로써 전체 회기와 개별 회기 간의 독립성과 더불어 통일성을 유지하도록 시도하였다.

이와 동시에 프로그램 진행에 있어서 상호 소통적인 활동을 위해서는 상담사와 참가자들 사이의 일방적 관계가 아닌 상호통섭적인 관계를 바탕으로 한 주제 선정이 필요하였다. 일방적 프로그램이 아닌 담당 직원들과 출소자들 간의, 그리고 상담자와 내담자인 출소자들 간의 소통을 위해 가능하면 동등한 입장에서 서로 함께 하는 프로그램을 만들고자 하였다. '셀프-행복' 이라는 큰 주제 아래 상담자의 일방적 소통이 아니라 각자의 입장에서 서로 '행복'에 대한 각자의 생각과 고민을 얘기하고 공유하고자 하였다.

프로그램 구성 자체의 상호통섭적 관계 형성의 차원에서 보자면, 프로그램의 기획 단계에서 출소자 당사자들의 입장이 충분히 반영되어야 할 것이다. 특히 주의할 것은 출소자들의 입장을 배제하고 단지 관계 기관이나 프로그램 운영자의 일방적 요구에 의해 운영되지 않도록 해야 한다는 점이다. 다만 여러 현실적 여건 상 사전에 예비 참가자들과 함께 주제를 선정하고 진행하기가 쉽지 않았기에 대안적인 방법으로 최대한 공단 관계자들과의 여러 차례 사전 면담을 통하여 참가자들의 화두를 반영함과 동시에 기존의 참가자들에 대한 경험을 반영하여 주제를 선정하였다. 그리고 프로그램의 진행에서 최대한 상담자와 내담자들의 만남의 일방성이

나 편협성을 피하고자 시도하였다.

나아가 프로그램의 내적 구성의 내용과 관련해서도 인문학의 특정 영역에 제한하지 않고 다양한 영역들의 고유성을 프로그램 안에 통섭시키고자 시도하였다. 인간적인 삶을 위해 필요한 마음과 정신의 기초영양소들인 인문학의 다양한 영역을, 특히 기법들을 통하여 최대한 균형감을 잃지 않고 유지함으로써 균형적인 인문학적 체험을 이룰 수 있도록 시도하였다.

이외에도 이전 프로그램 활동 평가 결과를 반영함으로써 이전 프로그램의 사후 평가 결과와 현행 프로그램의 상호통섭적 기획을 시도하였다. 일례를 들자면, 문제의 소지가 많았던 공간을 비롯한 세부적인 세팅의 문제를 해결하고자 하였다. 최대한 둥근 테이블 형태로 자리를 배치함으로써 참여자들이 서로 이해하고 공감하고 소통할 수 있는 공간 형태를 마련하고자 하였다.

또한 출소자들은 신상 정보 유출에 대해 민감하게 반응하기 때문에 세부적인 자기소개를 가급적 제한하고자 하였다. 다만, 프로그램 참가자들의 자기 정체성에 대한 자기인식과 상호인식을 위해서 그리고 프로그램의 원활한 진행을 위하여 자신의 이름표를 스스로 만들어 책상 위에 두는 형식을 취하였다. 필자들은 프로그램 참여자들이 이해하기 쉬운 표현들이나 기법들을 사용함으로써 최대한 '행복'에 대한 참가자들의 생각을 자연스럽게 이끌어 내고자 하였다.

2) 회기별 프로그램 구성과 인문학적 경험의 치유적 역동성

출소자들이 스스로 삶의 행복에 대해 생각해보고, 스스로 행복의 내비게이션을 찾아갈 수 있도록 조력하기 위한 〈셀프-행복 프로젝트〉는 인문학의 고유한 화두인 삶의 행복을 화두로 삼았으며, 이를 위하여 사용된 기본적인 방법 또한 이 화두에 대한 관찰과 성찰 그리고 통찰이라는 인문학의 기본적인 방법들을 사용하였다. 가능하면 자연스럽게 관찰, 성찰 그리고 통찰이라는 인문적 사유의 과정들로 안내하기 위하여 참가자들이 쉽게 접근할 수 있는 기법들, 즉 개념 정의 프락시스, 콜라주 프락시스, 캘리그라피 프락시스, 체베나 프락시스를 활용하였다. 나아가 사용하는 재료 또한 치유적 감수성의 촉진을 도울 수 있는 것으로 신중하게 선택되었다. 이와 같은 기본 방법과 기법들 그리고 재료들을 바탕으로 출소자들 스스로 행복에 대한 자신의 정의 및 행복의 필요조건, 충분조건 그리고 자신의 이상적인 행복태에 대해 생각해 볼 수 있는 프로그램을 준비하였다. 본 프로그램의 회기별 구성은 다음과 같다.

프로그램 1회기의 설정 목표는 '삶의 행복을 위한 행복 개념 알아채기'이다. 우선, 도입부에서는 프로그램을 소개하고, 참석자의 이름표를 스스로 만들고 자기소개 시간을 가졌다. 첫 시간이어서 그런지 자기소개조차도 하지 않은 사람이 몇몇 있었다. 해당 공단에서 발행하는 소식지(『소외사랑』 10호)에 어느 출소자가 쓴 내용을 보면 공단의 숙식보호대상자는 서로 다른 연유로 이곳에 들어왔기 때문에 자칫 서로에게 관심을 갖다보면 오해나 감정싸움으로

비화할 수 있기에 이들이 공동생활을 하려면 '비관심' 해야 한다고 하였다.

그러나 프로그램 특성상 집단 활동에서는 상담자와 구성원의 라포 못지않게 구성원들간의 라포 형성이 중요한 변수로 작용한다. 출소자를 가장 잘 이해할 수 있는 사람들은 동료출소자들이다. 뿐만 아니라 집단 활동이 공동생활에 긍정적인 영향을 직접적으로 줄 수 있다. 서로에게 '비관심'해야 한다고 하지만, 집단 활동을 하다 보면 타자의 생각을 이해하고 공유할 수 있는 시간을 갖기 때문에 적어도 서로를 이해하는 시간이 될 수 있기 때문이다. 따라서 라포 형성을 직접적으로 진행하기보다 자연스럽게 서로의 생각을 알아가는 시간을 갖도록 했다.

자기소개 이후에는 '행복'이라는 개념을 들으면 자연스럽게 떠오르는 개념들을 차근차근 써 보았다. 떠오른 다양한 개념들을 실마리로 하여 그 개념들, 즉 개념소들 중에서 자신의 행복을 가장 잘 나타낼 수 있는 개념, 즉 개념소인을 찾아보고 이를 중심으로 행복에 대한 자신의 정의를 내려 보았다. 이렇게 내린 정의들을 서로 이야기함으로써 다른 사람들의 행복에 대한 정의를 서로 공유하는 활동을 하였다. 매 회기 참가자들 스스로 정리하는 것을 돕는 미니-저널쓰기에서 참가자들은 파스텔 색상의 고운 한지 위에 '행복에 대한 나의 정의'를 써 보았다. 부드러운 촉감과 화사한 색상의 한지는 일반적으로 사용되는 사무용 A4용지와는 달리 좀 더 자연 친화적인 정서를 촉진하도록 도울 것이라 생각했다.

2회기에는 공동 콜라주와 함께하는 '삶의 행복을 위한 필요소 찾기'이다. 우선, 도입부에서는 지난 회기에 미니-저널쓰기 했던 것을 정성스레 코팅을 하여 돌려줌으로써 프락시스 활동의 흔적 효과를 강화하고자 시도하였다. 지난 회기에 행복에 대해 각자 생각해 본 것을 바탕으로 2회기에서는 삶의 행복을 위한 필요조건에 대해 알아보았다. 지나간 과거나 먼 미래가 아니라 바로 지금, 여기(생활관)에서의 삶에서 우리가 행복하기 위하여 '꼭 필요한 세 가지 필요조건'을 생각해보고, 이를 콜라주를 통해 표현해보았다.

프락시스 과정에서 생각하는 것에 대한 부담감을 줄이기 위하여 잡지나 신문에 있는 다양한 이미지나 문자들과의 만남 속에서 좀 더 자연스럽게 행복 필요조건을 탐색하고 끌어낼 수 있도록 콜라주 기법을 사용하였다. 각자 돌아가면서 자신이 찾은 필요소들을 한지에 붙이고 소개함으로써 서로의 행복 필요소들을 공유할 수 있는 시간을 가졌다. 그리고 이를 개별 작품이 아닌 한 장의 대형 한지에 공동 작품으로 완성하였다. 이러한 활동을 통해 행복의 다양한 필요소들이 서로 공존하는 공동의 행복 필요소들을 만들어내는 경험을 시도하였다. 공동 콜라주 활동의 결과물은 행복의 필요소를 참가자들이 지속적으로 환기하는 것을 돕고자 하여 필자들이 대형 액자에 넣어서 선물해 드렸는데, 나중에 보니 생활관 거실에 예쁘게 걸려있었다.

〈그림 1〉 공동 콜라주활동의 결과를 설명하고 있는 모습

3회기는 캘리그라피를 통한 '삶의 행복을 위한 충분소 찾기'이다. 먼저, 삶의 행복의 수단으로 필요한 것과 목적으로 충분한 것의 차이에 대해 얘기하였다. 예를 들어, 행복의 필요조건이 직위라면 충분조건으로서는 존경을 받을 수 있어야 하며, 집이 행복의 필요조건이라면 행복한 가정이 충분조건이 될 수 있는 것이다. 단지 삶을 사는 대신에 이왕이면 의미있게 살기를 생각해 보는 것이다.

3회기의 목적은 필요한 것을 바탕으로 충분한 것으로 확대함으로써 행복의 영역을 확장해 보는 것이었다. 활동기법으로는 충족된 삶을 위한 세 가지 충분소들에 대해 각자 생각한 내용들을 캘리그라피 형태로 각자 알아채보고 서로 나누어보는 것이었다. 그리고 이를 한지 부채 위에 적어보고 이를 지니고 다님으로써 활동의 흔적 효과를 강화하고자 시도하였다. 계절을 고려하여 대나무 한지 부채를 선택하여 참가자들이 일상생활에서 사용할 수 있게 하였다.

캘리그라피를 하기 위한 재료 선정에 있어서 심미적인 촉감과 시각적 효과를 촉진할 수 있는 데생에서 쓰는 4B 연필과 도화지 그리고 부드러운 미술용 지우개 그리고 한지 부채를 선택하였다. 단지 행복의 충분소를 생각해내는 것이 아니라 그것을 가능하면 생생하고 심미적으로 체험하는 것 또한 행복에 대한 알아채기 프락시스에 있어서 간과될 수 없는 부분이다.

또한 볼펜 대신에 연필을 사용함으로써 이미 쓰인 것을 고치고 싶을 경우 지우개를 통하여 지우고 다시 쓰는 것이 가능함을 환기하여 보았다. 마치 어떤 삶을 사는가도 중요하지만 그 삶을 어떻게 다시 사는가의 문제가 중요하듯이 무엇을 쓰는가도 중요하지만 어떻게 다시 쓰는가의 문제가 중요할 것이다. 그렇기에 잘못 썼다고 생각할 때 지우고 다시 쓰는 과정의 중요성을 환기할 수 있는 도화지, 4B 연필, 지우개, 한지 부채 그리고 행복의 충분소의 만남은 참가자들에게 소박하지만 좀 더 특별한 행복에 대한 통찰의 경험을 부여할 것으로 기대되었다.

4회기는 마지막 회기로서 '삶의 행복을 위한 이상적인 행복태 만들기'이다. 자신의 행복에 대한 관찰, 성찰, 통찰도 중요하지만 또 다른 이들의 행복에 대한 그것 또한 중요하며, 나아가 있었거나 있을 수 있는 행복에 대한 성찰과 더불어 지금 불가능한 것처럼 보이는 행복에 대한 상상력 또한 중요한 활동이다. 상상력은 그 모든 것들의 근저에서 우리의 생각을, 우리의 행동을 그리고 우리의 삶을 달리 경험할 수 있는 기회를 우리에게 부여한다. 그리하여 우리를 제한된 현실로부터 변화시키는 힘을 구사한다. 따라서 이상적인 행복태를 그려보는 활동은 참가자들에게 미래에 대한 새로운 비전과 현재의 목표를 강화시켜줄 수 있다.

활동 기법으로는 체베나 시 쓰기 활동을 프로그램에 적절하게 변형하여, '나의 삶의 이상적인 순간'을 시의 화두로 하고, 나는 어디에 있는가?(1행), 나는 무엇을 하고 있는가?(2행), 나는 누구와 함께 있는가?(3행), 나의 얼굴 표정은 어떠한가?(4행), 나는 무슨 생각을 하고 있는가?(5행), 1행 반복하여 쓰기(6행), 2행 반복하여 쓰기(7행)의 형식으로 구성하였다. 이를 통해 참가자들이 스스로 자신의 미래 인생의 최고 행복한 순간을 가능하면 시적인 표현을 통하여 심미적이고도 생생하게 구체화하는 것을 돕고자 하였다.

활동 재료로는 정성스레 마련한 한지 족자와 붓과 먹을 사용하였다. 부드러운 붓에 향긋한 먹물을 묻혀 자신의 행복이 현실화되는 장면을 상상하여 적어보고 이를 직접 동료들 앞에서 낭송하였다. 그리고 그 행복의 꿈이 이루어질 수 있도록 각자 한지 족자에 쓴 자신의 행복태를 각자가 지니고 있으면서 기억해보기를 권하였다. 마지막으로 우리 가요 '행복의 나라'를 함께 합창하면서 프로그램을 마무리 하였다.

〈표 1〉 회기별 프로그램 구성

회기	주제	회기별 목적	주요활동 내용	재료
1	삶의 행복을 위한 행복 개념 알아채기	우리의 삶의 목적인 행복 알아채기	- 자기소개 - 미니 · 셀프저널 쓰기 - 행복에 대한 각자의 정의	- 강의안 - 미니 · 셀프저널용 한지 - 풀, 필기그
2	삶의 행복을 위한 필요소 찾기	우리의 삶의 목적인 행복을 이루고 있는 행복소들과 행복소인 찾기를 통해 우리의 행복 지형도의 내비게이션 만들기	- 행복을 위한 세 가지 필요조건 알아채기 - 콜라주(공동 행복작품 만들기)	- 콜라주용 대형 한지 - 풀, 가위 - 신문, 잡지
3	삶의 행복을 위한 충분소 찾기	우리의 삶의 목적인 행복을 이루고 있는 충분조건들 찾기를 통해 우리의 행복 지형도의 내비게이션 구체화하기	- 충족된 삶을 위한 세 가지 충분조건 알아채기 - 캘리그라피(아름답게 글씨 쓰기)	- 한지 부채, 연습지, - 필기구 4B, 도화지, 지우개

4	삶의 행복을 위한 이상적인 행복태 만들기	삶의 궁극적 행복태 (이상형) 챙기기	- 내 삶의 행복의 이상을 정하여 제목을 만들고, 시 형식으로 표현하기 - 체베나 시 쓰기	- 족자, 족자 케이스 - 붓, 먹, 벼루, 송지, 신문지

4. '셀프-행복 프로젝트' 활동 내용 분석

1) 회기별 참여자 활동 내용

프로그램에 대한 참가자들의 개인적인 관심이나 공단 직원의 참여 독려에도 불구하고 참가자들의 생활환경 및 개인적 사정으로 인해 지속적인 참여가 힘들었다. 이 때문에 각 회기별 개인의 프로그램 참여활동 및 그 변화의 과정을 살펴보기 위해서 프로그램에 세 번 이상 참여한 참가자들만을 대상 범위에 포함하였다. 본 프로그램에 세 번 이상 참여한 대상자 9인을 호칭하기 위하여 A선생님, B선생님, C선생님, D선생님, E선생님, F선생님, G선생님, H선생님, I선생님 등의 가명을 대신 사용하였다. 아래에서는 참여자 9명의 활동 추이를 관찰결과와 활동결과 내용을 중심으로 회기별로 정리한 것이다.

A선생님: 40대 초반으로 학력은 대졸이다. 그는 참가자들 각자의 행복에 대한 나름대로의 정의를 만들어보는 1회기 프로그램 참

여 시에 시큰둥한 태도를 보이며, 억지로 불려나온 인상이었다. 상담사의 물음에도 대답하지 않는 등 극히 소극적 태도로 프로그램에 임했다. 따라서 강제로 프로그램 활동을 하도록 독려하지는 않았으며, 미니셀프-저널 쓰기도 강요하지 않았다. 행복의 필요소를 찾는 2회기에는 참여하지 않았지만, 3-4회기에는 프로그램에 참여하였다. 행복의 충분소를 찾아보는 3회기 캘리그라피 활동을 할 때에는 부채에 직접 글씨 쓰는 활동을 하지 않았다. 그 이유는 지난 시간 불참으로 행복의 필요소에 대한 내용이 없기에 먼저 그것부터 하고자 하여 충분소 찾기는 않고 필요소 찾기를 하고자 자신이 직접 말로 하겠다고 했다. 1회기에 보였던 소극적 태도에서 약간 변화의 느낌을 받았다. 그는 행복의 필요소로 "첫째, 세끼 식사 제대로 먹는 것, 둘째, 몸이 힘들 때 편히 쉴 수 있는 곳이 있으면 좋겠다고 했다. 셋째로는 노을이 지는 창밖을 바라볼 때와 같이 자연에 대한 아름다움을 보면 자신이 행복하다."고 말했다. 아울러 "세상을 바라보는 창이 있었으면 좋겠다."는 표현을 했다. 자신의 이상적인 행복태를 그려보는 4회기 역시 활동에는 소극적이었지만, 초반의 의심스러운 눈빛은 다소 부드러워진 느낌으로 변화되어보였다.

B선생님: 50대 중반으로, 학력은 대졸이다. 그는 인문학에 대한 막연하지만 적잖은 관심을 갖고 있었으며, 예전에 인성프로그램에 참여한 적도 있어 인문치료 프로그램에 관심이 많다고 하며 질문에 적극적으로 응했다. 그는 1회기에 행복에 대한 정의를 '베푸는

것'이라고 했으며, 2회기 참여 시에는 돌아보면 부끄러운 인생을 살아왔고, 앞으로는 세상에 좋은 일을 많이 하고 싶다고 했다. '건강, 가족, 베풂'이 행복의 필요소라고 했으며, 세상에 무언가를 할 수 있는 것이 기쁨이라고 표현했다. 그는 현재 지역 축제 등에서 자원봉사를 하며 아이들에게 기쁨을 주는 것이 현재의 행복이라고 말했다. 3회기에는 개인적 이유로 불참하였고 이상적인 행복태를 시의 형태로 찾아보는 4회기에는 체베나 시 쓰기는 자신 없다면서 다음과 같이 자유롭게 자신의 시를 지었다. "청산은 나를 보고 말없이 살라하지만 가슴에 쌓인 한은 왜냐고 묻고, 난 그냥 허~ 창공에 웃네."

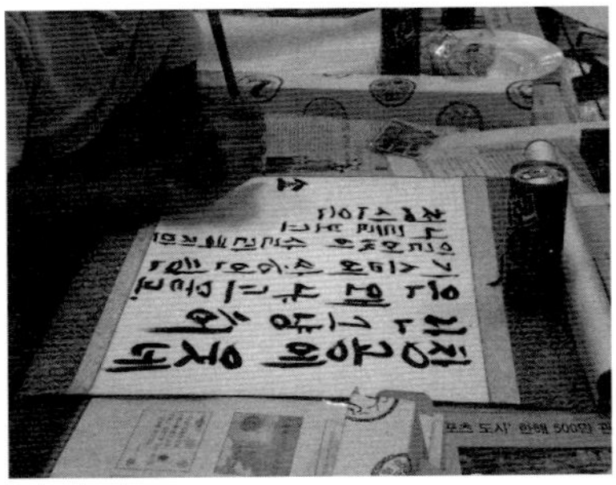

〈그림 2〉 B선생님의 4회기 활동

C선생님: 50대 초반으로, 학력은 고등학교 중퇴이다. 그는 청년시절 철학서적 독서의 경험이 있는 등 인문학적 배경지식을 가지고 있었다. 1회기에서 행복은 '각자 나름대로 어떻게 느끼는가에 달렸다.'고 했던 그는 2회기에 불참하였고, 행복의 충분소를 찾아보는 3회기 캘리그라피 활동 때에는 다음과 같은 글을 부채에 적었다. "꿈에는

〈그림 3〉 C선생님의 3회기 활동

행복과 사랑이 있었다. 그렸던 꿈에 가까이 갔을 때 영혼이 어디쯤 있는지 몰랐다. 이젠 좀 더 많은 사색과 시간이 필요할 것이다. 지나간 시간을 아쉬워할수록 나의 마음의 병은 깊어질 것이다."

그는 현재 부인과 이혼하고 형제와 아이들과도 연락이 두절된 상태이다. 행복과 사랑에 대한 꿈을 꾸지만 자신을 찾지 못하고 있는 현재를 그리고 있는 듯했다. 스스로 많은 고민과 사색을 하고 싶어 하는 모습을 보이고 있었다. 이러한 모습은 4회기에 체베나 시 쓰기 활동에도 나타나고 있었다. "내일을 위한 곳. 새로운 나의 창조를 위하여. 자신을 아파했던 사람들과. 때때로 깜깜. 내 삶의 변화와 가족들." 자신을 아끼고 사랑하는 가족들과 내일을 함께하고 싶지만 아직까지 그곳에 있기가 불편한 자신의 모습을 내면적으로 표현한 것으로 보인다. 그에게 있어 이상적인 행복태는 결국 가족과 함께 하는 것이었다.

〈그림 4〉 D선생님의 4회기 활동

D선생님: 50대 중반으로, 학력은 대졸이다. 그는 해외에 살다가 부인과 이혼하고 현재 가족과는 연락이 없는 상황이다. 1회기에는 참여하지 못했지만, 2회기부터 참여하여 프로그램에 적극적인 관심을 갖고 활동하였다. 그의 현재의 상황이 반영하듯이, 2회기 행복의 필요소에서 가장 중요한 것을 '가족'이라고 하였다. 또한 행복은 사람들에게 나누어 줄 때 가장 행복한 것이라며 콜라주 작업을 할 때에

는 대통령, 대기업회장, 자크로케 IOC위원장 등을 콜라주했다. 그 이유는 개인적 삶보다는 많은 사람들에게 나누어 주는 삶을 살고 있기 때문이라고 했다. 그리고 그는 남에게 피해를 주기보다 좀 모자라게 사는 것도 행복이라는 얘기를 하였다.

행복의 충분소를 찾는 3회기 캘리그라피 활동에서도 역시 '가족'을 우선시 하면서, '욕심 없는 삶', 그리고 '열정'이라는 단어를 선택하였다. 이상적 행복태를 찾는 4회기 체베나 시 쓰기 또한 제목이 '가족'이며, 다음과 같은 바람을 시에서 나타내었다. "집 식탁. 가족과 함께 식사 중. 부인과 사랑스러운 딸과 함께. 매우 흐뭇한 표정. 가족의 행복을 지켜주고 싶은 마음." D선생님에게도 행복의 필요조건은 가족이며, 행복의 이상형에서도 가족과 함께 하는 모습을 그리고 있다.

E선생님: 40대 초반으로, 학력은 중졸이다. 그는 현재 공단에서 지내며 가족들과는 전혀 교류가 없는 상태이다. 1회기에는 아무 반응이 없었으며, 2회기 행복의 필요소 찾기 콜라주 활동에 참여하여 '행복, 사랑, 힘'이라는 글자와 빌딩과 숲이 있는 그림을 찾아 한지에 풀로 붙여서 설명하였다. 행복과 사랑은 힘, 즉 건강해야 지켜질 수 있으며, 빌딩은 좋은 가정과 사람과의 만남을 상징하며 숲은 건강함을 상징하는 것이라고 하였다. 그에게는 아마도 새로운 사람과의 만남과 사랑, 그리고 행복한 가정을 꾸리는 것이 행복의 필요소로 생각한 듯이 보였다. 3회기에는 참여하지 않았으며, 이상적 행복태를 찾는 4회기에는 체베나 시 쓰기 활동이 쉽지 않았던지 프로그램에 적극적인 관심을 갖지 못하였다.

F선생님: 60대 초반으로, 학력은 대졸이다. 그는 부인과 자녀가 있지만 관계가 좋지 않아 생활관에 입소한 상태이다. 프로그램 1회기에는 말미에 오셔서 직접적인 참여는 어려웠으며, 2회기 콜라주 활동에는 행복의 필요소 찾기와는 별도로 구한말 시대의 그림과 충무공 동상 등을 오려 붙이면서 친일문제 등 역사의 중요성에 대해 강조하였다. 그는 국가, 애국 등에 대해 프로그램 와중에도 얘기하는 등 개인의 현재 생각해야 할 행복에 대해 집중하지 못했다. 그러한 면이 가족과의 소통을 어렵게 한 게 아닌가 생각했다. 필자들이 그에게 인생에서 중요한 것을 다시 상기시키자 그 역시 가정의 화목과 사랑, 그리고 믿음이 인생에서 매우 중요하다고 하였다.

〈그림 5〉 F선생님의 3회기 활동

3회기 캘리그라피 활동에도 역시 과거 정치 권력자와 만났던 얘기 등을 하기도 했지만, 다음과 같은 글을 남겼다. "착하고 총명하고 아름다운 여인을 아내로 맞이하면 그것보다 더한 행복은 없을 것이다." 4회기에는 개인적인 일로 출타 중이었음에도 불구하고 프로그램에 참여하기 위해 먼 길을 달려오는 모습을 보여 인상적이었다. 프로그램 도중에 참여하여 체베나 시 쓰기에는 참여하지 못했으나, 이에 대한 설명을 하고 추후 생활관에서 시 쓰기를 하기로 하였다.

G선생님: 60대 중반으로, 학력은 대졸이다. 그는 부인과 이혼했으며, 자녀와도 왕래가 없는 상황이다. 부드러운 인상을 지녔으며, 프로그램에 적극적인 관심을 가졌다. 1회기에서 행복을 '마음을 비우는 것'이라고 정의하며 자신의 경험을 비교적 진솔하게 얘기하였다. 마음을 비우지 못함으로써 사랑하는 사람들이 떠나가게 되었다고 하였다. 2회기의 행복의 필요소 찾기 콜라주 활동에서 그는 '새로운 생각', '일과 사람', '사랑했습니다'라는 단어를 찾아 한지에 오려붙이며, 그것에 대해 설명하였다. 늘 새로운 생각, 그리고 끊임없는 일과 사람과의 만남이 행복에서 중요하다고 하였다. 또한 '사랑했습니다'는 가족과의 오해가 있었고, 한 사람의 적을 두지 말 것이며, 사람을 사랑하자는 말로 설명을 하였다. 프로그램 당시 그의 과거를 직접 알지는 못했지만, 그가 과거 가족과의 오해로 인해 현재 생활관 입소를 하게 되었고, 여전히 가족을 사랑하고 있음을 알게 되었다.

3회기의 캘리그라피 활동에서는 한지 부채에 다음과 같은 글을 썼다: "꿈, 꿈, 꿈을 꾸고 싶다. 어머니를 꿈속에서 뵙고 싶다. 욕심 없이 아내와 자식들과 함께 살고 싶다." 그가 생각했던 행복의 충분소는 역시 가족에 대한 꿈이었다. 이상적 행복태를 찾는 4회기에서 그러한 그의 꿈에 대한 이상형을 기대했지만, 짧은 회기동안 표출하기에는 여전히 마음의 벽이 존재해 보였다. 그는 텅 빈 족자만을 바라볼 뿐 끝내 체베나 시 쓰기는 하지 못했다('안했다'라는 표현이 더 적절할 수도 있겠다). 그러나 그의 이상적인 행복태는 분명 가족과 함께하는 행복한 미래였을 것이라 짐작된다.

H선생님: 40대 초반으로, 학력은 고졸이다. 그는 첫 인상이 상당히 날카로웠으며, 프로그램에 대한 거부감이 있다고 느껴졌다. 2회기부터 조금씩 자신을 드러내면서 프로그램에 참여하였다. 콜라주 활동에서는 어휘 '패밀리'와 '집'을 선택했는데, 그것은 가족이 중요하며 인생에서 사랑이 가장 소중하다고 얘기하였다. 자기 자신에 대한 표현은 상당히 강했지만 여전히 참여가 소극적이었다. 3회기의 캘리그라피 활동에서는 행복의 충분소를 '믿음, 소망, 사랑'으로 나타냈는데, 사람에 대한 믿음과 소망, 그리고 사람을 움직이는 에너지로서의 사랑, 이 세 가지가 모두 합쳐졌으면 좋겠다고 하였다. 그는 마지막 회기에는 참여하지 않았다.

〈그림 6〉 H선생님의 3회기 활동

I선생님: 30대 후반으로, 학력은 고졸이다. 1회기에서 행복에 대한 정의를 그는 '평범한 것이 인간의 기본적 행복이다.'라고 얘기했다. 예를 들어, 교도소에 있을 적에 3일 정도 잠을 푹 자는 게 소원이었는데, 바로 행복은 그런 평범함이라는 것이다. 그는 필자들이 진행하고

〈그림 7〉 I선생님의 4회기 활동

있는 프로그램 속에서의 행복이나 지혜, 이런 말은 누구나 할 수 있는데, 그런 말에서 얻을 수 있는 것은 무엇인가라며 프로그램에 약간 회의적인 느낌을 갖고 있는 것 같았으나, 어느 정도는 관심을 보이고, 적극적으로 자신의 의견을 개진하였다.

2회기 행복의 필요소에 대한 콜라주 활동에서는 신문에서 주식, 시장, 텅 빈 놀이터 그림을 오려 한지에 붙여 다음처럼 설명했다. 즉 행복은 주식처럼 슬픔과 기쁨이 있으며, 시장처럼 시끌벅적 하기도 하고, 텅 빈 놀이터처럼 고요함을 나타내기도 한다고 표현하였다. 3회기는 불참했다. 4회기에서 시 쓰기를 유도했지만, 그는 오로지 족자에 '날마다 좋은 날'이라는 글씨를 붓으로 반복하여 썼다. 그는 날마다 좋은 일이 많았으면 좋겠다며 그냥 그 글자만 썼다고 했다. 붓글씨 솜씨가 좋았다. 붓글씨 활동 자체가 그에게는 안정감을 가져왔다는 생각이 들었다.

이와 같은 단선적 분석은 이하 5장에서 인문치료 프로그램의 조력도와 요인들에 대한 예비적 분석을 통해서 좀 더 다차원적으로 다룰 것이다.

2) 참여자 활동 추이에 대한 〈관찰지수〉 내용

필자들은 4회기 동안 셀프-행복 프로젝트에 참여한 9명의 참여 활동 지수를 매 회기 중에 주시하고 각 회기 후에 이 내용들을 분석하여 정리하였다. 앞에서 언급하였듯이, 프로그램 활동 과정을 좀 더 면밀히 관찰하기 위하여 단일상담사에 의해서 프로그램을 진행하기 보다는 프로그램을 실질적으로 운영하는 상담사(김선희)와 프로그램에서 일어나는 일들을 관찰하기 위한 옵저버 상담사(최병욱), 즉 이원적 상담사 구조로 운영하였다. 특히 옵저버 상담사는 상담 현장에서 단일상담의 경우 놓칠 수 있는 내담자들의 다양하면서도 미시적인 역동성을 꼼꼼하게 반영하기 위하여 현장에서 매 순간 관찰하고 기록하는 역할을 수행하였다.

이와 같은 관찰은 인문치료 활동에 있어서 매 회기에 이루어지는 인문학적 체험을 다음 회기에 최대한 반영하여 회기 간의 상호 통섭적 에너지를 최대화하는 데에 그 목적이 있다. 세부적으로 보자면, 또한 참가자들의 상황을 파악하고 이를 다음 회기 활동에 반영하여 참가자들이 지니고 있는 내적 자원을 지원함과 더불어 그 결과의 변화를 확인하는 데에 목적이 있었다. 그 변화를 그래프로 정리하면 다음과 같다. 회기별 관찰결과 5를 최대지수로 하였고, 본 프로그램 참여에 있어서 소극적이거나 부정적인 경우를 반영하기 위하여 마이너스로 표기하였다.

〈표 2〉 회기별 참여자 활동 〈관찰지수〉 도표

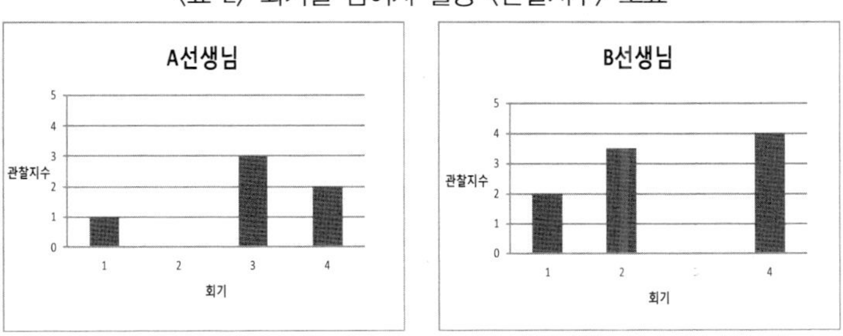

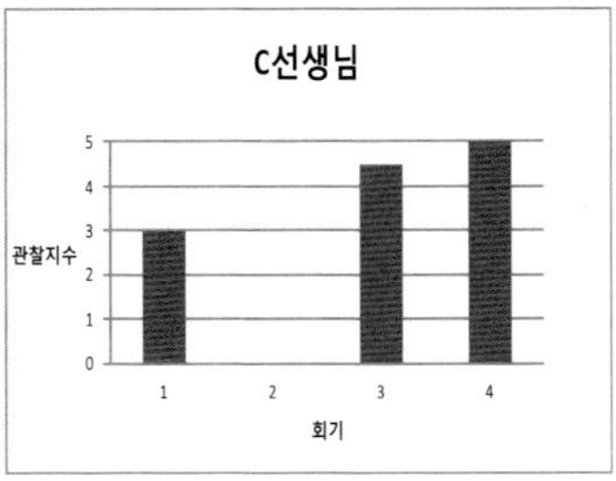
C선생님
관찰지수
5
4
3
2
1
0
1
2
3
4
회기

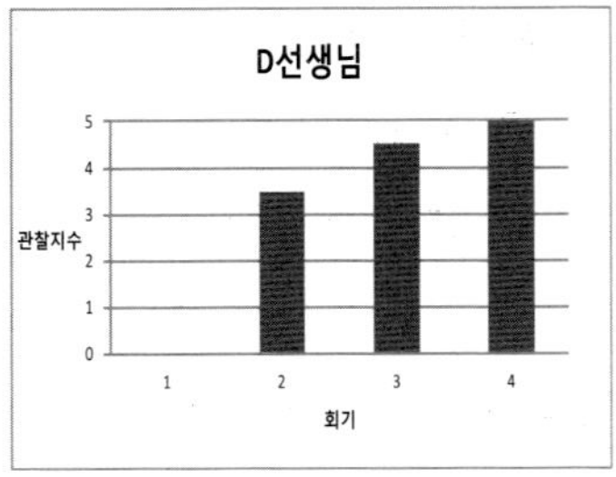
D선생님
관찰지수
5
4
3
2
1
0
1
2
3
4
회기

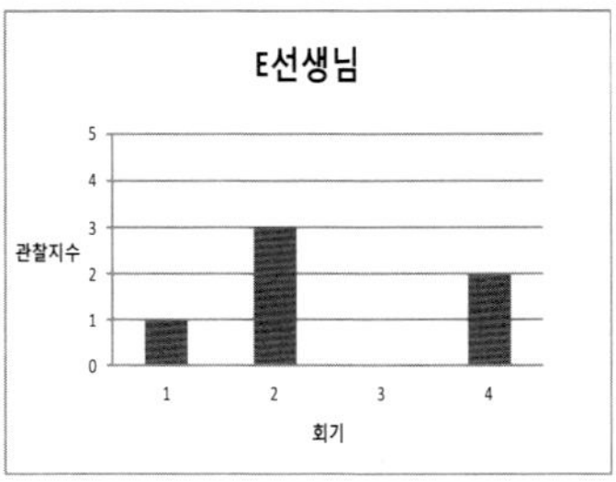
E선생님
관찰지수
5
4
3
2
1
0
1
2
3
4
회기

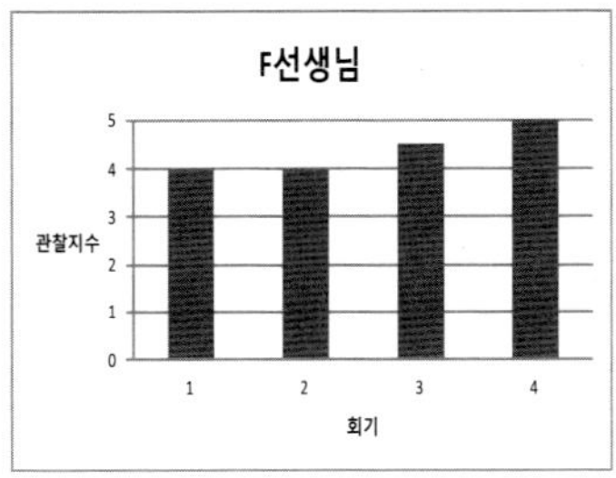
F선생님
관찰지수
5
4
3
2
1
0
1
2
3
4
회기

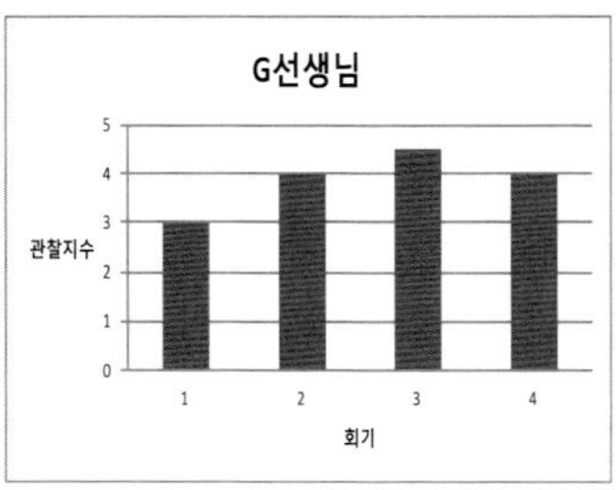
G선생님
관찰지수
5
4
3
2
1
0
1
2
3
4
회기

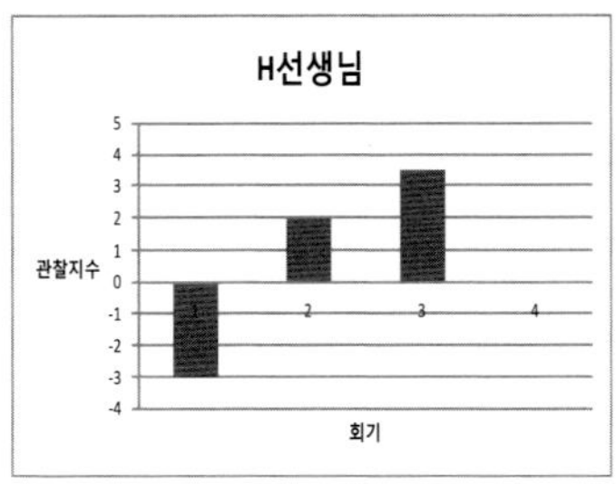
H선생님
관찰지수
5
4
3
2
1
0
-1
-2
-3
-4
1
2
3
4
회기

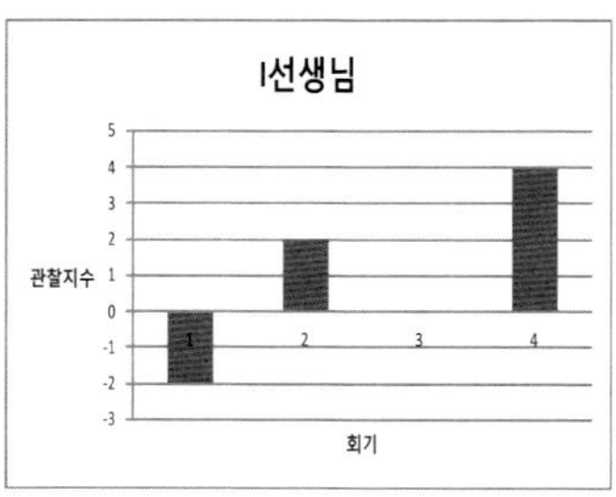
I선생님
관찰지수
5
4
3
2
1
0
-1
-2
-3
1
2
3
4
회기

위 〈관찰지수〉를 분석해보자면, 참가자 C선생님, D선생님, F선생님, G선생님의 경우에서처럼 본 프로그램의 도입부터 긍정적이고 적극적인 관찰지수를 나타내는 경우가 있는가하면, A선생님, E선생님이나 H선생님, I선생님의 경우처럼 프로그램 초기에 굉장히 부정적이거나 소극적인 태도를 보이는 참가자들도 있었다.

그러나 이러한 상담자 중심으로 이루어지는 〈관찰지수〉는 평가에 있어서 내담자와의 상호통섭적 조건들을 결핍하기에 상담중심의 〈관찰지수〉의 한계성을 확장할 수 있는 내담자 중심의 평가의 필요성이 제시되었다. 그리하여 이를 위하여 내담자 스스로의 만족도를 확인해 볼 수 있는 초기 형태의 〈셀프-만족도〉 테스트를 시범적으로 준비하여 수행하여 보았다. 상담자들에 의한 〈관찰지수〉와 내담자들 자신에 의한 〈셀프-만족도〉 지수의 결과를 대비해보는 것이 아직 준비 단계에 있는 인문치료의 중립적인 평가 기준을 충족시키기 위하여 필요한 과정이라고 판단되었다. 이와 같은 맥락에서 이하에서는 〈셀프-만족도〉의 분석 결과를 산출해보았다.

3) 〈셀프-만족도〉 분석 내용

공단 숙식보호대상자의 셀프-만족도 설문지는 다음과 같이 6개의 문항으로 구성하고 각 문항은 지수 5를 최대 지수로 부여하였다. 6개 문항의 인문치료적 근거는 본 프로그램 자체에 대한 기대, 만족, 공감을 확인하여 상위 문항 3개와 프로그램이 참가자들 개인에게 미친 영향을 알아볼 수 있는 하위 문항 3개로 구성하였다. 내담자들은 비어있는 5개의 별표에 내담자들 자신의 만족도에 상응하여 색칠을 하여 채우는 형태로 각 문항에 대한 자신의 만족도를 표현하였다. 이 6개 문항에 추가하여 인문학적 상담 프로그램에 대한 내담자들 개인의 개별적인 의견을 수렴하기 위하여 두 개의 추가적 문항을 제시하였다.

〈표 3〉 〈셀프-만족도〉 설문지

설문내용	별점
① 나는 프로그램 참여 전에 이 프로그램에 대해 얼마큼 기대하였습니까?	☆☆☆☆☆
② 나는 프로그램 참여 후에 프로그램에 얼마큼 만족하였습니까?	☆☆☆☆☆
③ 나는 프로그램 내용에 얼마큼 공감하였습니까?	☆☆☆☆☆
④ 나는 프로그램을 통해 함께 한 동료들에게 얼마큼 더 긍정적인 관심을 갖게 되었습니까?	☆☆☆☆☆
⑤ 이 프로그램은 나에게 얼마큼 긍정적인 영향을 주었습니까?	☆☆☆☆☆
⑥ 나는 이와 같은 프로그램을 동료들에게 얼마큼 권장하고 싶습니까?	☆☆☆☆☆
☺ 프로그램 중 **좋은 점이나 개선했으면 좋을 점**을 써 주십시오. 이후 다른 프로그램에 반영하여 좀 더 나은 새로운 프로그램이 되도록 하겠습니다. ☺ 좋은 점 : ☺ 개선했으면 좋을 점 :	

〈셀프-만족도〉 테스트를 하는 마지막 회기에는 총 8명이 프로그램에 참여했는데, 그 중 1명(A선생님)은 개인적 사정으로 설문지에

는 응하지 못했다. 2명(B선생님, E선생님)은 프로그램 활동에만 신경 쓰고 설문지 조사에는 제대로 응하지 않아 분석 대상에서 제외되었다. 설문지에 답했던 5명의 설문지 결과는 아래와 같다.

〈표 4〉 출소자 셀프-만족도 설문지 결과

설문 문항 / 참여자	①	②	③	④	⑤	⑥	개인별 평점 및 전체평점
C선생님	3	5	4	4	5	5	4.3
D선생님	4	5	5	4	4	5	4.5
F선생님	5	5	5	3	5	5	4.7
G선생님	3	4	4	4	3	4	3.7
I선생님	5	5	5	5	5	5	5
참가자별 평균 및 전체평균	4	4.8	4.6	4	4.4	4.8	4.4 / 4.5

위의 결과로 보아, 출소자들은 인문치료 프로그램에 약간의 기대를 하고 참여한 것으로 보이며, 사후 설문 결과 프로그램에 만족한 것으로 드러났다. 프로그램의 공감도 역시 기대한 것보다는 상승했으며, 자신의 긍정성 부분에도 만족한 것으로 밝혀졌다. 셀프-행복 프로그램으로 인해 함께 생활하는 동료들에게는 약간의 긍정적인 관심을 갖기는 했지만, 그것보다는 이후 인문치료 프로그램을 다른 동료들에게 권장하고 싶다는 의견이 많았다.

5. 출소자 셀프-행복을 위한 인문치료 프로그램의 조력 요인 분석

인문치료 프로그램 활동의 치료적 취지라고 할 수 있는 재사회화에 대한 지원 그리고 특히 내적·정신적 차원의 지원에 대한 실재적인 활동 이외에 이들을 구체화시키기 위해서는 이 결과에 대한 사후 평가 작업이 이루어져야 한다. 특히 인문치료 프로그램이 출소자들의 재사회화에 실질적으로 얼마나 도움을 줄 수 있으며 그 요인들은 무엇이었는지를 밝히는 작업이 진행되어야 한다. 이에 필자들은 기초적인 수준에서라도 인문치료 활동의 조력도와 더불어 조력의 요인들과 관련된 예비적인 분석을 간략하게 추가해보고자 한다.

조력도와 관련해서는 참가자들 자신에 의해서 평가된 4.3.절 〈셀프-만족도〉 분석 결과를 기준으로 하되 상담자들에 의해서 평가된 4.1.절에서 논의된 회기별 참여자 활동추이 과정과 4.2.절에서 논의된 개별 활동 추이에 대한 〈관찰지수〉를 통해 보완하여 살펴본다. 〈셀프-만족도〉에 있어서 조력도와 관련된 중심 문항은 프로그램에 대한 내담자 자신의 만족도 지수에 해당되는 ②문항과 내담자에 대한 영향도에 해당하는 ⑤문항이다. ②문항의 경우에는 검토 범위에 포함된 5명의 평균지수는 4.8로서 상당히 높은 만족도를 나타내고 있다. 프로그램이 참가자 개인들에게 미치는 긍정적 영향력의 수준을 나타내는 ⑤문항의 경우에도 만족도보다는 조금 낮은 4.4라는 평가 결과가 나왔다.

조력지수를 개인 참가자별로 개인 활동 추이와 관찰지수를 보완하여 좀 더 세부적으로 살펴보자. 참가자 C선생님의 경우는 이 프로그램에 대한 기대치를 나타내는 ①문항에서는 지수3으로서 다른 문항들에 비해 비교적 낮은 지수에서 시작하였지만 개인 활등 추이나 관찰지수 평가에 따르면 참여도의 추이가 전반적으로 긍정적이고 적극적으로 상승하는 흐름을 보여주고 있었다.

참가자 D선생님의 경우도 ①문항에서 지수 4로서 개인 평균 지수보다 낮은 지수를 보이고 있지만 만족도, 공감도 그리고 본 프로그램의 동료 권장도에서는 모두 지수5로 평가했고 ④와 ⑤문항에서 또한 지수 4로 평가함으로써 동료들에 대한 긍정적 관심도와 프로그램의 영향도 또한 높은 지수를 나타내었다. 이와 같은 결과는 개인 활동 추이나 관찰 결과에 있어서의 긍정적이고 적극적인 추이와 일치하고 있었다.

F선생님의 경우에 있어서 동료에 대한 긍정적 관심도를 나타내는 ④문항에서 지수4와 그 외의 문항 전체에서 지수 5로 셀프 만족도를 나타내었다. 관찰지수에 근거하여 보았을 때 첫 회기부터 마지막 회기까지 적극적이고 긍정적인 관심과 참여의 모습을 볼 수 있었다. 개인 활동 추이에서 드러나듯이 동료들이나 주변인들에 대한 공감도와 관련되어 약간의 차이를 보여주었다.

G선생님의 셀프만족도에서 기대지수를 나타내는 ①문항과 동료들에 대한 참가자에 대한 영향도에 대한 문항에서 지수3을 나타내었고 그 외의 문항들에서는 지수4를 나타내었다. 또한 개인 활동 추이와 관찰지수와 대조해보았을 때 전반적으로 〈셀프-행복 프로

젝트〉 프로그램에서 자신의 행복에 대한 조심스럽지만 침착한 모습으로, 비교적 긍정적인 태도로 참여하였다.

마지막으로 I선생님은 6개 문항 전체에 지수 5를 표시하였다. 따라서 참가자 자신에 의한 평가지표의 결과 이외에 상담사에 의한 개인 활동 추이 결과나 관찰지수를 좀 더 면밀히 살펴볼 필요가 있다. 관찰지수의 결과는 초기에 −2로서 매우 부정적인 태도를 보인 것에 반해 2회기에서는 +2로 태도의 반전을 보여주었다. 3회기에는 개인적 사정으로 참여할 수 없었기에 평가가 어렵지만 마지막 회기에는 지수 +4를 나타내어 2회기에 비해 상당한 적극성과 긍정적 태도를 보였으며 개인 활동 추이에 있어서도 그에 상응하는 태도를 보였다.

이와 더불어 이와 같은 인문치료적 접근의 조력도의 근거를 제공하는 요인도를 살펴볼 수 있는 구체적인 자료는 우선은 〈셀프-만족도〉에 있어서 6문항 이외에 추가한 인문치료 프로그램의 좋은 점과 개선할 점을 중심으로 살펴볼 수 있다. 우선 C선생님의 경우에 프로그램의 좋은 점에 대해서는 "어두운 곳에서도 사회에 필요한 사람이라는 걸 생각하게 해 준 것"으로 평가하였으며, D선생님의 경우는 "함께 공감대를 형성할 수 있어서 좋았다", 그리고 F선생님은 "나를 되돌아보고 사회를 위하여 배려하고 봉사해야 하는 마음을 갖게 되었다", 그리고 G선생님은 "화기애애한 분위기가 친근감을 갖게 하여 사심 없이 발표할 수 있었다", 마지막으로 I선생님은 "여러 가지 토론 형식이어서 배울 점도 많았고, 또 서로의 공감대도 형성할 수 있었다" 등의 내용을 적었다.

본 프로그램에 있어서 좋은 점이라고 제시한 부분들은 바로 인문치료적 활동들의 조력 요인들로 평가할 수 있을 것이다. 참가자들의 인문학적 활동들이 출소자들의 재사회화에 있어서 내적이고 정신적인 자원들을 서로 함께 성찰하고 환기하는 의미있는 치료적 계기들을 제공했을 것으로 평가된다.

사실 공단에서 지원받고 있는 숙식보호대상자 생활을 하고 있는 참가자들은 자기 자신의 행복에 대해서 진지하게 고민하고, 자신의 생각을 남에게 이야기하고 또한 남의 생각을 자신의 생각과 공유하는 시간이 거의 없었다. 이런 점에서 인문치료 프로그램은 기존의 재사회화 프로그램과는 달리 자신과 가족에 대해 생각하고, 나아가 공동체에 대해서도 생각하는 시간을 가지며, 단순한 '비관심'보다는 동료들과 함께함으로써 참여자 자신뿐만 아니라 동료들에 대한 긍정적 관심을 끌어올리는 것과 같은 조력요인들을 제공한다.

또한 개선했으면 좋을 점에서는 C선생님은 "4주간의 프로그램이기 때문에 과제가 부여된다면 좀 더 구체적으로 자기 자신의 발상을 느낄 수 있으리라 생각된다", 그리고 D선생님은 "너무 짧은 시간에 많은 프로그램을 소화하기에는 부족함이 있다", 그리고 F선생님은 "교육시간을 연장했으면 좋겠다" 마지막으로 I선생님은 "공단에서 좀 더 많은 지원을 해 주었으면 좋겠다" 등의 의견이 있었다.

일반적인 의견으로는 너무 짧은 프로그램 시간 혹은 회기의 연장에 대한 것이었다. 사실 1시간만으로는 상담자의 프로그램 설명과 10여명의 출소자들의 활동을 위해서는 많이 부족한 것이 사실이다. 물론 필자들이 현장에서 실제로 준비하고 마치는 시간까지 고려한다면 90분 정도 시간이 소요되었지만, 그 시간으로는 많이 부족한 것이 사실이다.

다만 이와 같은 부분들은 대게 상담사가 아니라 담당 기관에서 결정하기에 상담사가 이 문제를 해결하기에는 역부족이겠지만 출소자들의 〈셀프-행복 프로젝트〉를 위해서는 최소한 12회기 정도는 기본적으로 주어져야 겠다. 그러나 현실적인 여건이 그러하지 못하다면 상담사는 주어진 시간을 최대한 활용하여 프로그램을 구성하는 데에 최선에 다해야만 한다. 필자들도 이와 같은 프로그램 구성에 있어서 이와 같은 한계를 최소화하려고 많이 고심했다.

설문지 조사만으로는 프로그램 참여자들이 구체적으로 이 프로그램을 어떻게 생각하고 이후 삶의 변화에 어떻게 느꼈는지에 대해 정확히 알 수 없었다. 그러나 이후 공단에서 발행되는 소식지에서 G선생님의 인문치료 후기담(「소외사랑」 제14호)이 게재되어 프로그램에 대한 생각과 그 이후 생활에 대해서 간접적으로나마 알 수 있었다. G선생님의 인문치료 후기담은 장문의 글로 이루어져 있어 아래와 같이 요약정리 했음을 밝힌다.

> “한순간의 실수로 전과자가 되어 명예도 잃어버리고 가족도 떠나갔습니다. 법무보호복지공단 생활관에 입소했지만, 나이가 많고 몸이 불편한 이유로 취업도 쉽지 않은 상태라 좌절되고 절망 속에 하루하루를 살아가고 있었습니다. 그러던 중 인문치료 프로그램을 접하게 되었습니다. 주제 또한 ‘행복’에 관한 것이어서 절망 속에 빠져있던 내게 꼭 필요한 주제라고 생각되었습니다. 매회 새롭게 주어지는

활동을 통해 나의 행복했던 순간들을 떠올렸고, 그 전처럼은 아니지만 지금 있는 자리에서 내가 구체화시킬 수 있는 행복들을 상상했으며, 상상을 현실화시키기 위한 수많은 사색의 과정을 거쳤습니다. 행복의 이상적인 순간들을 서로 공유하고 나누면서, 이곳에 모인 사람들 모두는 겉으로 보기엔 행복에 관한 한 체념하고 포기한 사람들처럼 보였지만 모두들 행복에 목말라 하고 있다는 것을 알아채곤 적잖이 놀랐습니다. …… (중략) 나 자신 또한 4회의 프로그램을 통해 어느 덧 절망에서 희망을 찾아가는 모습으로 변해가고 있음을 느꼈고, 무엇보다 이곳 생활관에서 생활하는 동료들은 인생에 있어 그냥 스쳐 지나치는 사람들이 아닌 행복을 위해 같이 노력하고 도와주어야 할 '행복의 동료들' 이라는 사실을 깨달았습니다. 이렇게 마음이 바뀌고 보니, 방에만 틀어 박혀 있던 내 모습부터 털어내야겠다 싶어 새벽 일찍 일어나 "하루를 어떻게 보낼까? 동료들의 행복을 위해 내가 도울 수 있는 일은 무엇일까?"를 생각한 후, 생활관 구석구석을 청소하고 정돈하는 것으로 하루를 시작합니다. 그리고 아침식사를 하고 밖으로 나가 운동을 하며 몸을 만듭니다. 내게 어떠한 일이 주어졌을 때 평상시 단련해 놓은 체력이 있다면 자신감을 갖고 할 수 있기 때문입니다. 아직 내가 할 수 있는 직장을 구하지는 못했습니다. 하지만 인문치료라는 4주간의 프로그램을 통해 나의 행복의 이상형을 발견했고 희망을 안고 살아갑니다."

G선생님의 글에 대해 필자들은 많은 고민을 하였다. 문학(글쓰기)은 '거짓말'이라는 전제 아래 거짓을 얘기한다고 하지만, G선생님의 프로그램 참여와 생활을 봐왔던 필자들로서는 그의 인문치료 프로그램 후의 글쓰기 속 그의 생활이 인문치료가 이루고자 하는 내담자의 이상적 상태를 보여주는 것이라고 판단되어 프로그램 결과의 참고자료로 활용하고자 여기에 싣기로 하였다.

필자들도 소식지를 통해 알게 된 사실로, 어느 정도 사회적 지위도 있었던 그가 한순간의 실수로 명예와 가족을 모두 잃어버려 절망하고 있던 시기에 '행복'이라는 주제로 함께 고민하고 철학하는 시간을 가졌다는 것에 많은 정서적 위로와 자신의 삶에 대한 성찰의 시간을 가졌던 것으로 보인다. 그에게는 이러한 시간이 공단 내의 다른 어떤 재사회화 프로그램보다도 직접적인 마음 치료가 되었을 것이다. 이것이 바로 인문학이 우리에게 선물하는 삶에 대한 긍정과 극복의 힘이라고 할 수 있다. 인문학을 통해 삶이라는 거대한 흐름에 서 있는 자신을 발견하고, 그 자신이 삶의 의미를 만들어 가는 주인공이라는 점을 알게 되었다면 이보다 더 큰 선물은 없을 것이다.

6. 출소자 셀프-행복을 위한 인문치료 방법론의 의의

인간은 관계 속에서 설 때 비로소 인간이다. 우리는 관계적 운명을 지니고 있기 때문에 모든 잘못된 행동들에 대한 책임을 개인에게만 돌릴 수는 없다. 개인의 행동은 사회공동체와 연결되어 있기 때문에 범죄의 원인에 대해 개인의 잘못으로만 돌릴 수는 없다. 그렇기 때문에 우리는 출소자에게 사회적 연대책임을 갖고 끊임없는 관심과 격려를 해 주어야 한다. 출소자에 대한 사회적 인식의 변화뿐만 아니라 제도적으로도 이들에 대한 치유 활동을 해야 한다. 따라서 출소자를 격려하고 치유하는 제도인 법무보호복지사업에 국가 및 지방자치단체뿐만 아니라 민간적인 차원에서의 관심과 지원이 필요하다. 또한 물질적 지원과 함께 보다 근원적인 차원의 지원이 행해져야 한다.

오늘날 사회복지의 차원에서 이루어지는 다양한 시도들에 있어서 대상자들은 수동적인 혜택의 대상으로 자리매김 되는 경향이 강하다. 그러나 진정한 의미의 복지나 재사회화를 논함에 있어서 단기적이고 물질적인 경제적 지원이나 훈련뿐만 아니라 장기적이면서 보다 근원적인 차원의 내적 지원 또한 행해져야 하는 것이다. 그것이 바로 인문학적 접근일 것이다.

이 글은 한국법무복지공단 K지부에서 2011년 7월 19일에서 8월 9일까지 회기마다 1시간, 주 1회로 총 4회 실시한 〈셀프-행복 프로젝트〉 인문치료 프로그램 임상사례의 결과이다. 출소자 인문치료 프로그램은 출소자들의 재사회화를 위하여 '셀프-행복'이라는 주제 아래 행복과 관련된 자기-알아차리기를 통해 자기주도적인 삶의 설계와 실천수행을 하고자 함이다. 자신의 행복소인, 행복필요소인, 행복충분소인, 이상적인 행복태를 인문적인 방법과 기법들 그리고 재료들을 통해 실천해봄으로써 상호통섭적인 관계의 의미를 확인하고 이를 토대로 자기-알아차리기와 챙기기를 인문적 활동 속에서 알아보고 챙겨보았다. 그리고 이를 통하여 간접적으로나마 타인-알아차리기와 챙기기를 병행함으로써 좀 더 다층적인 알아차리기와 챙기기를 수행하여 출소자들이 자기관계와 더불어 타자관계의 긍정적인 자원과 활력이 마련되었음을 어느 정도 확인할 수 있었다.

참고문헌

강원대학교 인문과학연구소 편. 2011. 『인문치료의 이론과 원리』. 춘천: 도서출판 산책.

김선주. 2011. 「플라톤의 교육 철학 연구: 『국가』를 중심으로」. 석사학위논문. 고려대학교.

김선희 외. 2010. 『인문치료와 철학』. 춘천: 강원대학교출판부.

김선희. 2010. 「북한이탈주민 사회적응의 철학 치료적 접근: 일방적 소통에서 상호통섭적 소통으로의 패러다임의 전환」. 『다문화콘텐츠연구』 3. 7-36.

金善嬉. 2010. 「コンフリクトを軽減するソGクラテス的対話と実践: 人文治療学の挑戦 (Socratic Dialogue and Praxis reducing Conflicts: Challenge of Humanities Therapy)」, 『臨床哲學』(大阪大学大学院文学研究科 臨床哲学研究室) 11. 28-43.

Sun-Hye, Kim. 2012. How to practise Philosophical Practice in Connection with Perspective-Therapy. 『2012년 인문치료&세계철학실천(HT2012&XI-ICPP)』. 강원대학교 HK인문치료사업단. 207-218.

김선희 · 최병욱. 2012. 「출소자를 위한 상호통섭적 인문치료의 이론적 접근: 출소자 재사회화 프로그램을 중심으로」. 『인문과학연구』 32. 403-430.

박병식. 2011. 「한국갱생보호사업의 현안과 해결방안」. 『교정담론』 5/1. 195-216.

얼 쇼리스. 고병헌 외(역). 2006. 『희망의 인문학』, 서울: 이매진.

이명원. 2007. 「평화인문학의 이론과 실제: 교정인문학의 지향과 전망」, 『교정담론』 1. 33-50.

이원복 외. 2011. 『재범방지를 위한 범죄자처우의 과학화에 대한 연구(Ⅱ) : 출소자재범방지를 위한 민간전문시설확충방안』. 서울:

한국형사정책연구원.
이윤호 · 김대권. 2007. 「전과자들의 사회적 차별에 관한 경험연구」. 『사회과학연구』 13/2. 27-60
이자희. 2010. 「갱생보호대상자의 재사회화 정도에 영향을 미치는 요인」. 석사학위논문. 대구대학교.
조흥식 · 민원홍 · 김현민. 2010. 「우리나라 범죄의 사회적 비용 추정에 관한 연구: 범죄의 심각성 점수를 고려한 결과를 중심으로」. 『한국사회정책』 17/2. 163-199.
장완영. 2009. 「출소자의 지역사회적응 결정요인에 관한 연구」. 석사학위논문. 숭실대학교.
조경미. 2010. 「소년원 퇴원생의 재사회화 과정」. 박사학위논문. 공주대학교.
최병욱. 2011. 「사회적 실천과 치유」, 『인문과학연구』 30. 407-432.
최철규. 2009. 「시민교육과 인문학: 재소자 삶의 변화를 이끄는 평화인문학」, 『인문정책 포럼』 1. 27-31.
해럴드 페핀스키 · 폴 제실로, 이태원(역). 2003. 『범죄에 관한 10가지 신화』. 서울: 한울아카데미.

※ 이 글은 필자들의 논문 「출소자의 재사회화를 위한 인문치료 사례연구」(『인문과학연구』 35집, 강원대학교 인문과학연구소, 2012)를 수정 · 보완한 것이다.

찾 / 아 / 보 / 기

ㅊ

ㅋ

ㅌ

ㅍ

ㅎ

인문치료 소통 사례 연구

저　자 : 김선희, 김익진, 유강하, 유건상, 정성미, 최병욱

펴낸이 : 신승호(辛承昊)

펴낸곳 : 강원대학교 출판부
200-701 춘천시 강원대학길1(효자2동 192-1)
☎ (033) 250-7171 / FAX (033) 259-5716

등　록 : 춘천시 제28호

발행일 : 2014년 6 월 25 일 초판

ISBN 978-89-7157-343-3　　정가 12,000원